湖南省社科基金基地项目"发达大国中高收入阶段消费需求规
（22JD013）；湖南省教育厅优秀青年项目"'双碳'目标下湖
排效应与实现路径研究"（22B0035）。

湖南师范大学·经济管理学科丛书
HUNANSHIFANDAXUE　JINGJIGUANLIXUEKECONGSHU

绿色消费指数测度、
结构分解及影响因素

Index Measurement, Structural Decomposition,
and Influencing Factors of Green Consumption

谢　迟◎著

经济管理出版社
ECONOMY & MANAGEMENT PUBLISHING HOUSE

图书在版编目（CIP）数据

绿色消费指数测度、结构分解及影响因素／谢迟著．

北京：经济管理出版社，2024．-- ISBN 978-7-5096

-9844-0

Ⅰ．F126.1

中国国家版本馆 CIP 数据核字第 20247EY298 号

组稿编辑：杨　雪
责任编辑：杨　雪
助理编辑：王　慧
责任印制：许　艳
责任校对：蔡晓臻

出版发行：经济管理出版社
　　　　　（北京市海淀区北蜂窝 8 号中雅大厦 A 座 11 层　100038）
网　　　址：www. E-mp. com. cn
电　　　话：（010）51915602
印　　　刷：北京晨旭印刷厂
经　　　销：新华书店
开　　　本：710mm×1000mm/16
印　　　张：12.75
字　　　数：216 千字
版　　　次：2024 年 10 月第 1 版　　2024 年 10 月第 1 次印刷
书　　　号：ISBN 978-7-5096-9844-0
定　　　价：79.00 元

总 序　SEQUENCE

当历史的年轮跨入 2018 年的时候，正值湖南师范大学建校 80 周年之际，我们有幸进入国家"双一流"学科建设高校的行列，同时还被列入国家教育部和湖南省人民政府共同重点建设的"双一流"大学中。在这个历史的新起点上，我们憧憬着国际化和现代化高水平大学的发展前景，以积极进取的姿态和"仁爱精勤"的精神开始绘制学校最新、最美的图画。

80 年前，随着国立师范学院的成立，我们的经济学科建设也开始萌芽。从当时的经济学、近代外国经济史、中国经济组织和国际政治经济学四门课程的开设，我们可以看到现在的西方经济学、经济史、政治经济学和世界经济四个理论经济学二级学科的悠久渊源。中华人民共和国成立后，政治系下设立政治经济学教研组，主要承担经济学的教学和科研任务。1998 年开始招收经济学硕士研究生，2013 年开始合作招收经济统计和金融统计方面的博士研究生，2017 年获得理论经济学一级学科博士点授权，商学院已经形成培养学士、硕士和博士的完整的经济学教育体系，理论经济学成为国家一流培育学科。

用创新精神研究经济理论构建独特的经济学话语体系，这是湖南师范大学经济学科的特色和优势。20 世纪 90 年代，尹世杰教授带领的消费经济研究团队，系统研究了社会主义消费经济学、中国消费结构和消费模式，为中国消费经济学的创立和发展做出了重要贡献；进入 21 世纪以后，我们培育的大国经济研究团队，系统研究了大国的初始条件、典型特征、发展形势和战略导向，深入探索了发展中大国的经济转型和产业升级问题，构建了大国发展经济学的逻辑体系。正是由于在消费经济和大国经济领域上的开创性研究，铸造了商学院的创新精神和学科优势，进而形成了我们的学科影响力。

目前，湖南师范大学商学院拥有比较完善的经管学科专业。理论经济学和工商管理是其重点发展领域，我们正在努力培育这两个优势学科。我们拥有充满活力的师资队伍，这是创造商学院新的辉煌的力量源泉。为了打造展示研究成果的平台，我们组织编辑出版经济管理学科丛书，将陆续推出商学院教师的学术研究成果。我们期待各位学术骨干编写出高质量的著作，为经济管理学科发展添砖加瓦，为建设高水平大学增光添彩，为中国的经济学和管理学走向世界做出积极贡献！

目录 CONTENTS

第三章　绿色消费基本概念与理论基础　035

绪　论

第一节
研究背景与意义

一、研究背景

绿色消费的产生和兴起归根结底源于社会生产力的发展。长期以来，人类的一切社会活动都与自然界息息相关。在农业社会，由于生产力水平较低，人类与大自然能够和谐共生，人类的生产生活等社会活动并未引发生态系统的不平衡问题。工业时代来临后，社会生产力水平跨越式发展，人类改造自然的能力变得更为强大。在这一过程中，人类的消费活动伴随其物质财富的积累大幅增长，由此带来了自然资源的大量消耗和对生态环境的破坏。消费崛起和环境问题迫使人们开始思考如何在消费过程中实现对自然资源的节约和生态环境的保护，消费在环保事业中逐渐扮演更加重要的角色。

事实上，消费与环境问题确实联系紧密。一方面，私人家庭消费可能引起环境问题（Grinstein and Nisan，2009）；另一方面，人们环保意识的提升、对绿色产品的需要、对企业环保行为的支持和对企业破坏环境行为的抵制能够倒逼企业注重环保问题（Menon and Menon，1997）。在此背景下，人们对既注重环境保护、资源节约，又有利于人类身心健康的消费发展模式的呼声越来越高，绿色消费作为一种新型消费模式由此应运而生。

中国特色社会主义进入新时代后，发展绿色消费对解决人民日益增长的美好生活需要和不平衡不充分的发展之间的矛盾、促进绿色消费的繁荣与发展有着重要意义。发展绿色消费既能有效促进产业结构调整和升级，也能有效改善环境和节约资源，还能更好地提升人民生活质量，是新时期建设美丽中国的必由之路。

当前，我国绿色消费发展还存在一些不足。一是人们绿色消费意识提高尚需时日。发展绿色消费需要广大消费者具有较高的环保意识、生态意识、责任意识作为基本人文素养支撑，并且其提高是一个长期且循序渐进的过程。二是绿色消费产品及服务供给不足。关键核心技术掌握较少、企业生产设计绿色产品动力不足、绿色产品盈利性不强、企业对绿色产品前景研判不准确等诸多因素制约着我国绿色商品的供应。三是绿色消费保障体系亟待完善。我国绿色产品准入制度还不完善，绿色产品流通渠道还未拓展，绿色产品质量检验标准还未出台，对消费者绿色消费合法权益保护机制还不成熟。四是人们绿色消费能力仍需提高。目前，我国绿色消费能力较低，主要体现在绿色产品价格过高和收入水平有限两方面。绿色产品价格过高，是因为其在设计、生产、销售以及使用后等过程中都要考虑对环境的影响，必然提高了成本；而收入水平有限会促使人们在选择商品时，选择价格低廉但对环境影响较大的产品和服务。

我国绿色消费现状、经济社会发展与生态环境保护三者之间的矛盾要求加快绿色消费进程。发展绿色消费需要着重研究解决以下问题：如何科学评价我国绿色消费发展水平？应该从什么角度分析绿色消费的影响因素？促进绿色消费发展的有效办法是什么？本书将围绕以上几个重要问题展开研究，为促进我国绿色消费发展提供理论和经验依据。

二、研究意义

(一)理论意义

本书立足于我国消费崛起和人们生态环境诉求日益强烈的背景，基于环境经济学成熟理论模型和计量分析方法，刻画绿色消费的科学内涵，探究绿色消费指数变化的分解效应，检验影响绿色消费发展的主要因素。因此，本书的研究对于我国绿色消费相关理论总结具有一定参考价值。

第一，全面阐释了绿色消费的科学内涵。已有研究有关绿色消费的定义大多较繁杂，内涵刻画往往侧重单一方面，本书基于文献梳理分析，给出了富有时代特征的绿色消费定义，同时将消费经济学研究范式中的消费水平、消费结构、消费环境，绿色消费的生产环节，商品和服务性质等有机融合，从而能够从生产过程、商品服务、消费水平、消费结构、生态环境、环境维护等各个维度全面、科学地刻画绿色消费。

第二，系统分析了绿色消费指数变化的分解效应。已有研究较少分析绿色消费指数变化的分解效应，本书结合环境经济学相关模型，总结概括了各个时期我国和不同区域绿色消费指数变化的主要效应，能有效识别绿色消费状况变化的关键原因。

第三，审慎检验了绿色消费的影响因素。已有研究对影响绿色消费的重要因素做了较多检验，但往往只集中检验某一关键因素对绿色消费的影响，缺少对多个影响因素同时进行检验的研究。本书从宏观视角出发，基于 STIRPAT 理论模型，并在此基础上进行合理拓展，构建了 STIRPAT 理论拓展模型，利用统计学中贝叶斯模型平均方法对潜在影响绿色消费的经济、技术和生态等多因素同时进行检验，有效识别了绿色消费的影响因素。此外，本书还基于拓展的计划行为理论模型，从微观视角检验了环境认知对消费者绿色消费行为的影响。

（二）实践意义

本书利用宏观经济社会环境指标构建多维度指标体系，测度我国及各区域绿色消费发展水平，以此来探寻我国绿色消费随时间变化的一般规律，对于制定绿色消费发展的系统性政策措施具有一定参考价值。

第一，构建了科学的绿色消费指数指标体系。已有相关指标体系大多为生态消费、可持续消费指标体系，与绿色消费指数指标体系存在一定差异。本书中绿色消费指数指标体系包含了"生产—生活—生态"三个维度，且均为客观指标，更加全面准确，也更加符合绿色消费的内涵和外延，既为相关机构评价整体或地区绿色消费发展状况提供理论依据，也为有关政策措施的出台提供经验参考。

第二，提出了发展绿色消费的有效政策建议。结合本书实证研究结论，针对性地提出新时代促进我国绿色消费发展的政策建议，即建立生产—消费—环境"三位一体"的绿色消费系统。该绿色消费系统的建立健全，在一定程度上既能有效实现改善环境、节约资源的生态环境诉求，又符合产业结构调整和升级的经济发展要求，还能满足不断提升居民生活质量的民生需求。

第二节
研究内容与技术方法

一、研究内容

本书基于消费迅速增长和生态环境压力逐渐增大的现实背景，提出如何更好地促进绿色消费发展这一问题。首先，求证绿色消费是什么：溯源绿色消费，阐释、量化绿色消费，描述绿色消费特性。其次，探究如何影响绿色消费：分析绿色消费指数变化的分解效应，分析绿色消费的影响因素。最后，指明如何发展绿色消费：提出发展绿色消费的有效政策建议。全书共分为九章，具体篇章安排如下：

第一章，绪论。从绿色消费现状、经济社会发展和生态环境保护三者之间的矛盾出发介绍绿色消费的研究背景，指出研究绿色消费的理论意义和实践意义，概括本书的主要研究内容、研究方法和技术路线，阐述研究的创新点和不足之处。

第二章，绿色消费文献述评。高度凝练绿色消费理论研究发展脉络，系统介绍绿色消费相关概念，全面概括绿色消费的主要研究内容，重点分析影响绿色消费的主要因素，梳理绿色消费思想研究，指出当前绿色消费研究存在的不足。

第三章，绿色消费基本概念与理论基础。科学界定绿色消费概念，指出绿色消费的主要特点，为绿色消费的内涵挖掘和指标体系构建提供依据。梳理绿色消费相关的需求层次理论、回弹效应理论、技术决定理论、环境经济学理论等，为绿色消费指数结构分解和影响因素分析提供理论支撑。

第四章，绿色消费实践与思想演进。梳理国际绿色消费实践和我国绿色消费政策演进历程，借鉴典型行业绿色消费发展经验，分析我国绿色消费发展面临的机遇与挑战。探究西方和中国绿色消费思想演进历程，并进行中西方绿色消费思想比较。

第五章，绿色消费指数测度。基于环境经济学理论，深度刻画绿色消费的科学内涵并构建绿色消费指数指标体系，科学测度 2000~2021 年我国绿色消费指数以及同期生活、生产、生态三大子系统指数，分析其主要变化特征，并比较分析各子系统指数和总指数之间的关系。

第六章，绿色消费指数结构分解。基于宏观视角，将经济增长、科技进步、生态环境等主要因素引入 Kaya 恒等式，并构建 LMDI 指数分解模型，将绿色消费指数变化分解为经济效应、技术效应和生态效应，分析各阶段我国绿色消费指数变化的主要来源，刻画其分解效应，进一步计算各阶段不同区域绿色消费效应值和贡献率，分析其特点。

第七章，绿色消费的影响因素分析。基于经济、技术和生态三类绿色消费影响因素，借助 STIRPAT 模型和贝叶斯模型平均法（BMA），建立同时包含多个绿色消费潜在影响因素的面板数据模型，实证检验经济、技术和生态因素对绿色消费总效应和分效应的影响，并借助工具变量，通过两阶段贝叶斯模型平均法（2SBMA）减小估计过程中的内生性问题。

第八章，环境认知对绿色消费行为的影响。基于微观视角，以计划行为理论模型框架为基础，运用多层线性分析法和 CGSS2010 微观数据检验环境认知对消费者做出绿色消费行为的影响及路径机制。

第九章，研究结论与政策建议。概括本书主要研究结论，分析设计新时代背景下能够促进我国绿色消费发展的政策建议，即从生产、消费、环境多维度建立"三位一体"绿色消费系统，展望未来绿色消费理论研究前景。

二、研究方法

针对绿色消费测度与发展的研究内容和技术路线，本书的总体方法体系设计和具体方法工具应用如下：

从总体方法体系上看，本书兼顾消费理论的一般性和绿色消费的特殊性，将消费经济学研究范式和环境经济学理论模型相结合、规范分析法和实证分析法相结合，并将其应用于中国情境，提出发展绿色消费的政策建议。

第一，消费经济学研究范式和环境经济学理论模型相结合。在对绿色消费指数进行分解时，利用了环境经济学领域常用的 LMDI 指数分解模型；

在绿色消费指标体系构建时，采用了消费经济学常用的研究范式从消费水平、结构、环境等维度衡量绿色消费；在分析绿色消费影响因素时，改进了环境经济学 STIRPAT 理论模型，并拓展了计划行为理论模型。

第二，规范分析法和实证分析法相结合。基于需求层次理论，刻画了绿色消费的科学内涵，构建了涵盖生产、生活、生态子系统等多维度的绿色消费评价指标体系；通过熵值法为各指标赋予客观权重，使得测度绿色消费成为可能；依据贝叶斯模型平均法和两阶段贝叶斯模型平均法实证检验了经济、技术和生态等因素与绿色消费总效应及分效应之间的因果关系。

从具体方法工具上看，为了实现对绿色消费发展总体水平和发展机制的全面深入刻画，本书采用多种量化分析方法。

第一，熵值法。本书采用熵值法计算绿色消费评价指标体系中各指标权重，熵值法是纯客观赋权的方法，是利用数据的相对变化程度来决定其对整个体系的影响大小，数据相对变化程度越大信息贡献程度越高，相应赋予更大权重。

第二，指数分解法。本书利用 LMDI 指数分解模型对绿色消费指数进行结构分解，LMDI 指数分解法常用于能源消费、碳排放的驱动因素分解研究，分析一定时间内各个因素对能源消费指标的贡献率，具有不产生残差、能够完全分解等优点。

第三，贝叶斯模型平均法。本书采用贝叶斯模型平均法（BMA）对影响绿色消费的因素进行实证检验。贝叶斯模型平均法能够解决模型不确定性问题，其原理是将所有的解释变量组成任意组合分别加入模型中进行回归得到一系列不同的模型参数，再将每个备择模型所估计的参数进行加权平均，根据变量的后验概率大小排序，确定它们各自对被解释变量的解释程度和应该加入模型中的解释变量（欧阳艳艳等，2020）。

第四，两阶段贝叶斯模型平均法。本书采用两阶段贝叶斯模型平均法（2SBMA）对绿色消费影响因素进行稳健性检验。通过选取合适的工具变量，可以解决贝叶斯模型平均法在估计过程中产生的内生性问题。

三、技术路线

本书根据"发现问题→分析问题→解决问题"的总体研究思路设计研究内容和技术路线。

第一，开展对绿色消费的现实考察。通过梳理文献，从历史维度总结绿色消费发展的实践和思想演进发展脉络，提出更符合时代要求和考量更为全面的绿色消费的定义，描绘绿色消费的新特点。利用熵值法构建绿色消费评价指标体系，测度我国及各地区绿色消费指数，从而明确我国绿色消费发展的一般规律，指出发展过程中的机遇和挑战。

第二，开展针对绿色消费的理论和经验研究。首先，依据 Kaya 恒等式和 LMDI 模型从经济、技术、生态三个角度分析我国绿色消费指数变化的结构分解效应，指出宏观层面绿色消费发展的动力源泉。其次，基于 STIRPAT 模型和贝叶斯模型平均法，构建个体固定效应面板数据模型，考察经济、技术和生态因素对绿色消费的影响。最后，利用微观数据，根据计划行为理论模型分析环境认知对于绿色消费行为的影响。

第三，开展关于发展绿色消费的政策研究。基于前述经验研究和理论研究结果，针对性地提出绿色消费发展的政策建议，即构建生产—消费—环境"三位一体"的绿色消费系统。基于当前研究结果，对绿色消费未来发展实践和理论研究提出科学展望。本书的技术路线如图 1-1 所示。

第三节
创新点与不足之处

一、主要创新点

第一，构建了新的绿色消费评价指标体系。本书丰富了绿色消费评价指标体系，相较于现有的可持续消费指数、生态消费指数、城乡居民可持续消费指数、绿色经济发展指数等评价体系更加贴近"绿色"元素，并统一考虑了生产环节和生态环境等方面的绿色程度。本书基于环境经济学理论，从生产、生活、生态三个维度构建绿色消费指数，并结合消费经济学基本范式，将其拓展细化到消费水平、消费结构、消费环境等六个二级指标。此外，该指标体系能分解为生产、生活、生态三个子系统，不同子系

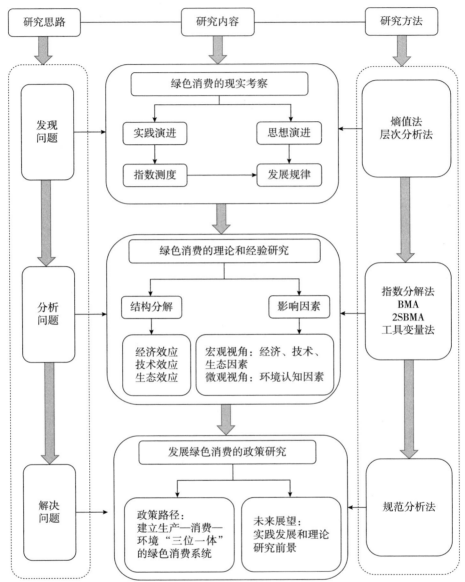

图 1-1　绿色消费指数测度、结构分解与影响因素研究技术路线

统间具有可比性，反映出我国绿色消费在生产环节和生态环节发展良好，在生活环节有所不足。

第二，将绿色消费指数分解为三类效应。本书将绿色消费指数分解为经济、技术和生态环境三个主要效应，通过分解测算三者对绿色消费的贡献差异及贡献率，有助于把握我国促进绿色消费发展的关键因素。基于宏观视角刻画绿色消费发展分解效应，较微观视角对绿色消费行为的分析更加全面，更有利于从整体上认识和把握绿色消费特征。

第三，检验了影响绿色消费发展的主要因素。本书从经济、技术和生态三个方面同时考虑不同类因素对绿色消费发展的影响，并利用贝叶斯模型平均法（BMA）和两阶段贝叶斯模型平均法（2SBMA）有效处理了模型不确定性和内生性问题，能较好保证结果的稳健性。此外，相较于该方法的其他研究应用，本书提高了被筛选模型的显著性标准。本书不仅发现了经济因素对我国绿色消费发展的重要促进作用，也验证了绿色消费发展存在"成本效应""挤出效应"和"回弹效应"等现象，为更好地促进绿色消费发展提供了经验证据。本书还特别关注环境认知对居民绿色消费行为的影响，通过对计划行为理论模型的修正，使得环境认知对于绿色消费行为的影响路径得以明确。

二、不足之处

受限于对绿色消费的认识，以及笔者对于环境经济学研究范式的了解，本书关于绿色消费的研究还有诸多不足之处。

第一，缺少行业维度的定量分析。本书从国家、区域和省级层面展开分析，测度比较了不同地区的绿色消费指数、集聚性、差异性和分解效应等，但绿色消费发展有明显的行业特征，影响绿色食品、绿色家电和新能源汽车等行业消费的因素有明显差异，加强这方面的研究具有重要的现实意义。因此，需要进一步挖掘不同行业领域数据，科学分析各行业之间绿色消费发展的差异和共性。

第二，需进一步细化绿色消费的主要因素。对绿色消费指数结构分解和影响因素的分析是基于经济、技术和生态三个方面，虽然均是有成熟理论依据的关键宏观因素，但还可以对以上三个因素进行细分，以识别更多更细致的潜在因素。例如，经济因素包括经济水平、经济结构等方面，经济增长的驱动力包括投资、消费、进出口，在指数分解时仅单纯以GDP作为经济因素的代理变量不能反映更细维度的经济贡献，若能找到相应理论依据和更多合适的变量，有助于进一步厘清绿色消费发展的内在机制。

第三，关于消费者心理认知对其绿色消费行为的影响研究尚不完善。

消费者的心理认知对其绿色消费行为的影响是一个系统性问题，众多心理认知因素都可能对绿色消费行为产生影响，也可能存在多种影响机制。本书虽然基于计划行为理论研究了环境认知对绿色消费行为的影响，但还需要进一步识别绿色消费的矛盾性、异质性、协同性、复杂性等，重点围绕绿色消费的溢价和外部环境效应两者之间的平衡分析其影响机制，这也是促进个体绿色消费行为真正落实的关键。

绿色消费文献述评

学界对绿色消费的研究走过了一个由萌芽到发展再到逐步成熟的历程。国外绿色消费研究起步较早。20世纪70年代，随着德国、美国等发达国家出台相关举措，绿色消费逐渐被西方学界所关注。社会组织罗马俱乐部出版的《增长的极限》一书指出，经济不会持续增长，因为资源将会被耗尽（Meadows et al.，1972）。之后，罗马俱乐部又在《人类处于转折点》一书中指出，人类有能力去控制多种因素，从而能够阻止经济和环境灾难的发生（Mersarovic and Pestel，1974），说明人们开始意识到经济增长和环境保护是可以同时实现的。20世纪70年代，绿色消费概念在美国被提出，但当时被认为只是包含环境问题的"社会营销"概念的一种扩展（Peattie，2010）。20世纪80年代后期，由于环境公害事件频发，绿色消费获得更多关注，有力推动了全球绿色消费发展和对氟利昂的抵制。这一时期，绿色消费被认为是商家扩大经营范围的又一商机。由此，绿色消费研究由描述绿色消费者并理解他们的态度和行为之间的关系演变为研究其动机、心理以及制度因素的作用（Peattie，2010）。进入20世纪90年代，消费者更关注日常购买习惯和行为对环境的影响。由于消费活动包括购买、使用和处置三个部分，因此绿色消费研究不再局限于购买绿色产品，还关注到消费者在购买、使用或处置产品时考虑自身行为对环境的影响，尽量做到最小化负面影响并最大化长期利益。步入21世纪，随着研究方法升级，更多学者从微观视角研究影响绿色消费的因素。Gilg等（2005）认为，环境和社会价值（利他还是利己等）、社会人口变量（年龄、性别、收入、受教育程度、政治身份）、心理因素（感知消费者效用、参与绿色消费能力、社会责任、价格）是影响和划分绿色消费者行为的三个主要变量。还有一些学者认为，消费者的环境信念（Souza et al.，2007）和创新性（Lao，2014）等也会影响其绿色消费行为。国内学者对绿色消费进行研究多为定性研究，起步较西方国家晚。

由于我国绿色消费的研究相对较晚，20世纪90年代初才开始涌现有关绿色食品的研究。随后，一批学者开始讨论绿色消费的定义、研究范畴及意义，并且由绿色消费领域慢慢拓展到绿色生产领域（尹世杰，2001；文启湘，2005）。从21世纪初开始，利用微观数据研究绿色消费的研究逐渐增多。例如，劳可夫（2013）通过微观调查数据研究了消费者创新性对理性且受环境条件约束的绿色消费行为的影响机制；解芳等（2019）依据问卷调查从多重中介角度研究了参照群体对绿色购买意愿作用机制的影响。微观数据能够更好地反映个体绿色消费行为特征和内在意愿,更深入地解释绿色消费行为产生的内在机制。

第一节
绿色消费相关表述

国外学者很少给出绿色消费的严格定义。一般认为,狭义的绿色消费是可持续消费的一部分;广义的绿色消费包含绿色消费、可持续消费、正念消费、道德消费、政府绿色消费以及其他与环境相关的消费行为等。国内学者对于绿色消费也给出了不同定义,侧重点有所差异。

一、绿色消费

近年来,一些国外学者对绿色消费给出了不同定义。从购买对象角度来看,Chan(2001)认为,绿色消费指购买环境友好型产品从而避免损害环境。Liu 等(2010)认为,绿色消费是可持续消费的重要部分,会减小社会对环境的影响。绿色消费的目的就是尽可能多地使用绿色产品,并使其在整个生命周期(包括生产和使用后阶段)中环境占用量较小(Sheth et al.,2011)。过去有学者认为,绿色消费只是一些不同具体形式的绿色购买行为的集合(Gilg et al.,2005)。之后,学术界对绿色消费的认识逐渐上升到生产、运输、销售、使用、使用后处理等全过程。Akenji(2014)认为,绿色消费是以保护环境为基础的生产、宣传、货物和服务的消费。Tan 等(2016)认为,绿色消费行为(GCB)包括再循环、保护水路、减少购物包装、购买和消费环境友好产品等。从消费者角度看,绿色消费者是在购买和消费产品的同时,也兼顾环境保护的人。绿色消费者会避免购买、使用或者处理对健康和环境有害、消费过多能源、过量包装、包含威胁栖息地的物质成分的产品。通常推动绿色消费关注的方法有生态标签策略、公众意识提升、生产标准和过程认证、政府和公共组织绿色购买,以及产品再循环利用(Akenji，2014)。

国内一些学者给出的绿色消费定义也具有代表性。例如，文启湘(2005)认为，绿色消费是指反映人与自然、生态环境与经济社会协调发展，既保障消费者个体利益又考虑环境利益，促进可持续发展的消费行为模式，并且强调要综合考虑消费者和资源环境两方面利益。尹世杰(2001)认为，绿色消费不仅是人类生态环境协调发展以及消费质量的重要反映，还是社会文明和社会文化的重要表现。刘晓薇和郭航帆(2011)指出，绿色消费包含三层含义：在消费内容上要提倡无污染或有益健康的绿色产品；在消费过程中要注重垃圾处理；在消费观念上要满足当代人和后代的消费需求。学术界对绿色消费含义的认识愈发全面，既反映了时代特征，又表明更加注重人、社会、自然等多方面因素。

二、可持续消费

可持续消费涉及人、社会和自然环境三个方面，是既提升社会和环境现状又满足人们需求的消费者行为(Tripathi and Singh，2016)。一直以来，国际机构或组织对可持续消费都有较为明确的定义。1994年，联合国环境规划署(UNEP)将可持续消费定义为提供相关产品与服务以满足人类的基本需求，提高生活质量，使自然资源和有毒材料的使用量最少，使产品或服务在生命周期中所产生的废物和污染物最少，从而不危及后代人的需求(Luchs and Mooradian，2012；Peattie and Belz，2010)。从消费对象角度来看，可持续消费指消费者在购买、使用环境友好的商品，或者在商品的生产过程中坚持了生态过程和采用了生态材料(Kilbourne and Pickett，2008；Leonidou et al.，2010)。从商家角度来看，可持续营销是指将主流经济和技术观点、新兴关系的营销概念以及可持续发展议程的社会、伦理、环境和代际观点相互融合(Peattie and Belz，2010)。

三、正念消费

正念是指当下个体保持注意和觉察的能力。正念的特点是人们对周围环境和他人有相对较强的意识(Barber and Deale，2014)。Sheth等(2011)认为，绿色消费是可持续性的重要方面，但不能解决可持续性的全部问题，其提出"以消费者为中心的可持续性"概念：市场行为在环境、个人及消费者的经济财富方面的中介影响。以消费者为中心的可持续性方法基于正念消费，将市场行为转变为以消费者为中心的可持续性结果，是商业盈利性和可持续性的保障。正念消费的前提是消费者对消费后果的思考和行为意识。Barber 和 Deale（2014）研究发现，评估客人的心态有助于酒店经营者让客人了解并对酒店的可持续发展实践作出反应。这个过程可以使用正念的特定元素，包括消费者对社会和他人的关注、对正念信息服务的偏好、入住酒店获得的效用、人口特征等。正念会使消费者更关心他人和整个社会，从而寻找具有高情感和环境效益的产品和服务。通过了解客人的意识，酒店方也可以帮助客人通过参与可持续消费来回应酒店对环境的精心管理。

四、政府绿色消费

绿色消费的概念不仅要从个体角度去界定，还要从政府角度来分析。政府消费不是仅由政府和公共权力执行的消费，其特点是以个体层面消费者为目标，同时将群体视为一个几乎同质的整体。随着环保的兴起和"可持续发展"目标的树立，公共机构对消费领域表现出了新的兴趣。在 20 世纪 90 年代，公共管制发展到了一个新层面，人们意识到施加压力在自然资源和环境上的同时还应承担责任，进而逐步调整各自消费习惯，消除消费的负面影响，并使其符合"可持续性"的标准（Rumpala，2011）。

五、道德消费

道德消费是指消费者对社会道德考量决定的购买或其他消费经历（Roberts，1993）。Joshi 和 Rahman（2015）认为，绿色购买行为代表了一系列复杂的道德行为决定过程，并被认为是一种社会责任行为。道德消费不仅指与自然和社会和谐共处，还要求消费者为社会负责，为自然尽义务（Tripathi and Singh，2016）。作为绿色消费主义的内容之一，Harrison 等（2005）指出，影响道德消费增长的外部因素包括七个方面：一是科技不断进步的社会和环境影响；二是竞选压力团体的兴起；三是增长的产品选择和消费者市场权利的改变；四是市场全球化和政府的弱化；五是跨国公司和品牌的兴起；六是市场活动的有效性；七是更广泛的公司责任活动的发展。

六、其他与环境相关消费行为

学者们还提出了其他与生态或环境相关消费行为的概念，包括环境行为、保护环境行为、环境显著行为、生态意识行为、负责任环境行为、社会意识行为等。Tripathi 和 Singh（2016）对相关概念进行了梳理：环境行为是指人们在做出特定行为决定时是否会考虑其环境影响，包含所有改变环境中物质或者能源的可利用性，或者改变生态或者生物圈结构和动态的行为。保护环境行为指有意识地最小化个人对自然的负面影响。环境显著行为是指在日常决定购买、使用、处理个人和家庭对环境有影响的产品时会考虑环境因素的个人行为。生态意识行为是指积极地或较少消极地影响环境目的的行为。负责任环境行为是指购买产品能够有益于或者引起较少环境破坏的行为，而不是生产更多传统消费品。社会意识行为是指保护和提升社会生活质量的行为，其往往与劳动者权利和他们工作的社区商业影响有关。

第二节
绿色消费主要内容

绿色消费研究涉及绿色消费目的和行为影响机制、绿色消费环境效应与改善机制、绿色消费行为预测理论模型等内容。

一、绿色消费目的和行为影响机制

消费者的目的和行为受价值因素或者个人认知影响。Haws 等（2014）提出了绿色消费价值的概念：通过购买和消费行为体现保护环境的价值趋势，并且绿色消费价值不仅与自然资源保护有关，还与个人财力物力有关。Gatersleben 等（2014）认为，尽管态度是行为相对较好的预测因子，但其容易改变，只对特定行为起着较好的解释作用。价值和身份是更稳定的预测消费者行为的个人因子，且身份可以解释在特定态度下的保护环境行为。Gatersleben 等（2014）认为，价值和行为都是由身份调节的，支持了身份是包含价值的更广泛的概念这一结论，且身份能促进可持续消费行为。但也有学者认为，环保行为是由强调节约的传统文化推动的，而非环保价值推动的。例如，尽管提供免费塑料袋的零售商正在激增，一些家庭依然维持自己带包到商店购物的习惯（Carrete，2012）。这种习惯并不是建立在一个强大的关于环境保护的信念价值上，而是根植于节约的传统文化。

人们在绿色消费时常常存在态度和行为不一致现象。消费者在选择绿色生活方式时，往往声称关心环境问题，却并不发生绿色消费行为（Young et al.，2010；Prothero et al.，2011），即使发生了绿色消费行为，也并非出于生态动机。多种因素可能导致绿色消费态度和行为的不一致。一是消费者属性偏好。属性偏好会影响消费者在绿色产品和绿色程度较低的替代品之间的选择，当消费者的属性偏好不明显时，其往往选择绿色产品，而考虑到个人实际属性偏好时，消费者则会显著选择绿色程度较低的替代品（Olson，2013）。二是消费者感知的市场影响。一个人对他人市场行为影响的感知会显著影响自身市场行为（Leary et al.，2014），这进一步解释了环境价值观、信仰和绿色消费行为之间的差异。三是消费者非理性。Wicker（1969）认为，个体态度和行为的直接关联程度较低，因为行为只反映符合理性的信念、态度和意图等，在一些特殊情况下不能用理性标准去衡量行为，比如缺乏环境知识、有矛盾的信念、相互抵消的价值、由于身体上或者社会环境导致的成瘾性行为（如抽烟）等都不能用态度来解释其行为（Sapp，2002）。然而，也有研究证明了消费者正念意识等因素可能减小消费者绿色消费行为的态度和行为不一致。消费者态度和行为差异受人与自然之间相互依赖关系的正念意识影响。Amel 等（2009）认为，对人与自然相互依赖关系的正念意识不仅有助于消费者重新获得生态嵌入身份，而且有助于消费者行为更加可持续，从而缩小保护环境态度和实际行动之间的差异。但无论是消费者属性偏好，还是其感知的市场影响，抑或是非理性行为和正念意识，都与消费者对环境的认知息息相关，环境认知通过各种途径推动消费者作出绿色消费行为改变。

二、绿色消费环境效应与改善机制

一是绿色消费对环境影响研究。消费行为影响包括特定产品的影响及个人、家庭或国家集体消费的影响。绿色消费在环境科学、生态经济学领域的研究往往试图评估损失的货币成本、资源消耗数量、排放废物或污染以及对环境资源的负担等。Peattie 和 Belz（2010）曾提出可持续性营销四大要素，第一个便是生态导向，要求在不损害生态系统健康和持续提供生态系统服务能力的前提下，满足人类需求。Zhang 等（2016）将家庭直接能源使用和家庭间接能源使用分解为六类影响因素：总人口变化、城市化率、能源效率、产业间投入结构、家庭消费偏好和人均家庭消费水平。这样可以深入了解工业技术、家庭收入、城市化和生活方式的进步如何影响家庭所用商品和服务生产中的能源使用，从而推动我国居民消费朝绿色消费转变。

二是消费的物质减量化研究。物质减量化是指通过科技创新和资源有效管理，以实现同样水平的消费者收益，同时减少物质和能源消耗强度。物质减量化被认为是一种生产议程，可以减少农业能源强度或者产品包装的物质消费。同时，物质减量化也是一个消费者行为议程，使得消费者在消费行为中减少物质强度。有学者检验了绿色减量化行为和消费者采用生态创新的决定因素，结果显示价值、信念、标准以及习惯决定了减量化和生态创新的意愿。个人道德标准对绿色消费行为意愿有较强的正向影响，个人习惯则有负向影响（Jansson，2010）。另有关于物质消费水平（如消费减量化）与科技、产品、品牌之间选择的研究指出，政策制定者、商家和学者主要关注消费差异，较少关注消费水平的高低（Mont and Plepys，2008）。这反映出消费减量化与经济增长、消费者权利、物质财富禁止的公共政策目标、文化价值、公司策略之间的矛盾性（Cohen，2005）。

三是消费效率提升和消费模式改变两种路径效应研究。从不同的可持续治理角度出发，可持续消费一般可以分为弱可持续消费和强可持续消费。弱可持续消费强调通过科技发展，提升消费效率，但如果只关注科技对于绿色消费的影响则会导致研究存在一些不足：①绿色经济或绿色增长只关注效率和创新，对科技的作用过于乐观，并不能保证实现布伦特兰可持续标准（Lorek and Spangenberg，2014）；②弱可持续消费由于不关注公平性问题，只注重效率，依靠科技，不仅不能够解决回弹效应问题，还可能造成更多能源消耗；③弱可持续消费忽视了经济效应；④弱可持续消费忽视了发达国家人口增长对于消费增长的贡献；⑤弱可持续消费可能会高估环境危害（Lorek and Fuchs，2013）。因此，有学者提出强可持续消费强调通过消费模式改变，降低消费水平（Fuchs and Lorek，2005）。强可持续消费不仅解决了消费总体水平和模式问题，还包含了幸福维度，并要求基于风险规避方法对必要的变化进行评估，必然和反增长联系紧密。

三、绿色消费行为预测理论模型

为了更好地预测与商品购买、使用、处置和回收有关的绿色消费行为，一些学者还运用了一系列理论模型。

一是理性行为理论模型。理性行为理论认为个体行为由行为意向引起，个体行为态度和主观规范共同决定行为意向。因为具有较强的预测能力，TRA 被广泛运用于预测消费者行为意向和行为（Han et al.，2010）。根据这一理论，消费者购买绿色产品或者进行绿色消费选择和替代的意愿程度可以用绿色产品购买意向来表示。后来，有学者对理性行为理论进行了一些拓展。Ramayah 等（2020）提出"价值—态度—购买目的"的 TRA 变形，以此检验人们对绿色产品的态度如何影响绿色产品购买目的。

二是计划行为理论模型。计划行为理论是使用最广泛的预测行为目的的理论。计划行为理论认为态度、主观规范和感知行为控制三者共同决定行为意向，其能够检验个人决定因子和社会环境以及非意愿决定因子对目的的影响，提高购买绿色产品目的的模型预测性。一些学者在计划行为理论中添加不同新变量，检验影响消费者态度和行为向可持续转变的因素。Qi 和 Ploeger（2019）将文化和消费者特征纳入对绿色食品购买影响的分析中，用中国传统文化中的面子意识和群体一致性来代替主观规范，从而构建中国文化环境下的修正 TPB。Paul 等（2016）采用 TPB、拓展的 TPB、TRA 等不同理论预测消费者绿色产品购买目的，发现拓展的 TPB 比 TPB和 TRA 在绿色市场情境下有更好的预测能力。Han 等（2010）提出用感知行为控制衡量参与者的自我控制能力和自我效能。

三是知信行理论模型（KAP）。英国人乔治·柯斯特于 20 世纪 60 年代提出知信行理论，该理论包括知识、态度、信念和行为等元素。知信行理论认为环境教育或健康教育等外部刺激十分有助于将知识转化为行为，常用来解释健康行为改变如何受个人知识和信念的影响。知信行理论将人类行为的改变分为获得知识—产生信念—做出行为这一连续过程。在知信行理论中，认知这一变量很好地融入了消费者意愿和消费者行为的路径中。根据知信行理论，绿色消费或者其他健康行为由个体的态度和信念决定，而态度和信念又往往源自于个体的认知和学习。在绿色消费研究中，个体通过对环境保护知识的学习，了解生活中过度消费对环境的危害，也知道如何才能更有效地保护环境，实现绿色消费。通过环境相关的认知与学习，逐渐形成了保护环境、节约资源的绿色消费的态度与信念。进一步地，当该信念达到一定程度时，就会驱使个体做出绿色消费行为。当然，由于知信行理论过于简单，从而忽视了外界压力、行为实现难易程度等因素对绿色消费行为意愿的影响。

第三节
绿色消费影响因素

影响绿色消费的因素很多：一方面，根据消费经济学研究范式，消费三要素包括消费主体、消费客体和消费环境，绿色消费的影响因素也可以从消费主体、消费客体以及消费环境三个方面展开；另一方面，根据行业划分，绿色消费影响因素在绿色酒店、绿色食品、新能源汽车等不同行业领域又表现不同。

一、基于消费三要素分析

（一）影响因素之一：消费主体

第一，消费者自身环境价值观念。强烈的绿色消费价值观是消费者选择道德产品的原因（Young et al. , 2010），绿色价值观又会对消费者绿色购买行为和绿色广告接受度有正向影响（Paçoa et al. , 2019）。Paçoa 等（2019）认为，亲社会态度对消费者绿色消费有直接影响，生态素养和自我效能感对绿色产品态度有正向影响（Mamun et al. , 2018）。人际影响和价值取向与人们购买环境友好型产品的态度有较强的相关性，环境友好型态度的消费者更倾向于购买环境友好型产品。此外，消费者保护环境的价值观念和生态意识的形成主要由受教育程度决定。Tilikidou(2013)考察希腊在经济危机期间影响各类生态意识消费者行为(ECCB)的因素，认为所有生态意识消费者行为类型都与消费者的教育正相关。进一步地，Kim 等(2016)测度高知识消费者与低知识消费者在理性和情感方面决定绿色消费愿望的差异，发现高知识消费者的积极预期情绪对其愿望有显著影响。

第二，消费者对外部条件感知。Leonidou 等(2010)认为，影响消费者环境态度和行为的因素中，除了其内在对待环境的态度，还包括对外部保护环境的社会、政治和法律变化的感知需求态度。Tan 等(2016)认为，支撑绿色消费观念的五个维度中，"产品感知""推行绿色所面临的困难""绿色烙印""责任感感知"和"推行绿色的准备"都可以理解为消费者对外部条件的感知，从而会影响绿色消费行为。此外，消费者购买多少绿色产品取决于消费主体对产品有效性的感知。一般来说，消费者认为绿色产品或环境友好型产品不如常规产品有效。因此，消费者不得不增加购买使用的绿色产品数量，以弥补其功效上的不足。这种模式在环保意识强的消费者中更为明显。当一个绿色产品的有效性被一个可信的认证提高后，绿色和常规产品使用之间的差异就消失了(Lin and Chang, 2012)。另外，幸福感也是人们对外在条件的主观感知。Ericson 等(2014)认为，主观幸福通过其他方式而不是物质奖励对可持续性做出了重要贡献。正念通过聚焦当下思维，引起更强的同理心和同情心，促进目标和价值的澄清，使人们避免单调工作，从而提升主观幸福感。主观幸福、同理心、同情心、非物质主义、内在价值都与可持续行为相联系。提升在学校、单位及其他地方的正念行为，既能够保证可持续生活方式，又可以感知更多幸福。

第三，消费者的支付能力和意愿。Eckhardt 等(2010)认为，由于目的和行为的不一致，人们不再进行道德消费，而经济理性正是其中原因之一。经济理性因素会使消费者无视道德信念，只追求金钱价值最大化。Young 等(2010)认为，绿色产品的质量和科技含量往往更高，价格也更贵，消费者需有足够的支付能力才会购买更加具有道德科技的产品。Steg 和Vlek(2009)认为，影响环境行为的动机包括成本和收益的权衡，个体会做出理性选择从而获得更高的收益和更低的成本。一方面，当消费者购买一种道德上的替代品时，一旦发现价格更高，就感到不快，从而导致未来对伦理产品的回避。调查显示，消费者确实关心道德问题，愿意支付稍微高一点的费用，但他们在没有看到显著的有形回报时，并不会支付过高的费用。另一方面，虽然价格过高会限制消费者支付，但 Niinimäki（2010）在购买生态服饰、生态材料、再利用服饰以及道德服饰的调查中显示，大多数受访者都会去买质量更好的、更耐用的、可维修的、更贵的服饰。这些服饰往往穿戴时间更长，对环境的影响也更小。由此可见，价格高低并不见得总是影响消费者绿色购买，消费者的支付能力和意愿更为重要。而消费者的支付能力和意愿又与其收入水平有很大关系，收入水平对价值和环境友好产品购买有调节作用。依据价值，高收入者比低收入者表现出更高的购买目的（Tseng and Tsai，2011）。

（二）影响因素之二：消费客体

第一，产品生态标签。生态标签是指将产品生产、消费和处置的外在环境影响内部化的信息工具（Bougherara and Combris，2009）。首先，生态标签可以告知消费者产品的绿色特点，从而激励其购买。Rahbar 和 Wahid（2011）在研究绿色市场工具对消费者购买行为影响时发现，生态标签和生态品牌对消费者购买有显著正向影响。Atkinson 和 Rosenthal（2014）就生态标签内容具体性、来源以及产品参与度三个方面讨论消费者生态标签信息的信任度，发现更具体的生态标签内容会带来更多生态标签信任，以及对产品和标签来源的积极态度。其次，Carrete（2012）认为，绿色环保消费行为具有不确定性，这种不确定性的一个重要原因就是产品的绿色标签不规范，传递给消费者的信息不完整。例如，由于生态标签等不清晰、不规范，消费者较难区别有机食物和传统食物，进而会对消费者购买选择产生影响。最后，绿色产品品牌形象也能起到类似生态标签的作用。Chen（2010）指出，绿色产品品牌形象是消费者记忆中对品牌的一系列印象、概念和理解，这些都与可持续性和生态友好问题密切相关。消费者通常都有个人喜爱的品牌，对于更喜欢绿色品牌的消费者（Young et al.，2010），良好的绿色品牌形象会促使其购买更多的绿色产品。

第二，绿色产品质量。Sheth 等（2011）认为，绿色消费发展之所以受限制，其中一个重要原因是绿色产品质量缺陷。Sheth 等（2011）认为，包括产品特性在内的诸多因素都是促进正念消费的重要原因。Joshi 和 Rahman（2015）认为，产品特质、商店特质、品牌形象、生态标签和认证、受欢迎功能、道德特点、较好质量等特性会更容易转化为真实的绿色消费。具备功能性和可持续性特点的高质量产品会对绿色购买行为有正向影响；而较差特质和质量的产品会导致消费者个人需求与环境社会责任之间的矛盾，从而可能引起态度和行为之间的不一致。有学者认为，消费者对产品功能特质的偏好超过其道德特质（Chen and Lobo，2012；Tsakiridou et al.，2008）。例如，味道、质量、健康程度就是消费者购买绿色食物的重要特质（Cerjak et al.，2010）。Spangenberg 等（2010）认为，可持续性设计促进社会向可持续转变，包括但不限于环境或生态的设计，其通过整合社会、经济、环境和制度方面的条件，为消费者提供参与机会，来表达自己身份。

第三，绿色产品可得性。Sheth 等（2011）认为，绿色消费发展之所以受限制，还有一个原因是绿色产品可得性有限。首先，产品可得性是消费者态度与行为之间关系的关键调节因子（Nguyen et al.，2019）。有研究显示，产品可得性低会对消费者绿色购买目的和行为产生消极影响，而较强产品可得性与绿色购买行为有正向关系。绿色产品的有限可得性已成为购买环境可持续产品的主要障碍（Young et al.，2010；Joshi and Rahman，2015）。大多数情况下，消费者往往不愿意花费过多时间找寻绿色产品，而是偏向于更容易得到或者购买的产品，这会进一步加剧人们绿色消费态度和真实行为之间的差异。Vermeir 和 Verbeke（2006）的研究认为，虽然人们对消费可持续产品的动机很强，但由于可得性低，可能会导致可持续消费有限。这一问题与当地缺少食品商店或农贸市场有关，而这些地方往往缺乏消费者所要求的规律性和便利性。其次，道德产品的可得性往往有限。Robinson 和 Smith（2002）研究消费者购买可持续生产食品意愿时发现，52%的消费者对购买"地球可持续"食品感兴趣，但由于缺乏可得性、不便利及价格因素，没有购买这些食品。最后，未来绿色消费研究还应该扩大研究范围，不应只局限于包装，应更加注重不同领域的绿色产品，如汽车、建筑、设备等，这些领域绿色发展对可持续性影响更为深远（Prothero et al.，2011）。当产品缺少可得性，又有过高价格和较差品牌形象时，消费者会抵触购买相关绿色产品。

（三）影响因素之三：消费环境

第一，公信力。生态标签和其他环保认证是由政府公信力作为保证。Brach 等（2018）认为，可持续产品的特点是信任品质。一方面，消费者对绿色品牌的信任是其购买绿色产品的重要标准，信任度越高消费者购买绿色产品的意向越积极（Rahbar and Wahid，2011）。另一方面，在实际生活中消费者可能并不信任厂商、标签和产品的认证程序所提供的绿色生态信息（Sheth et al.，2011；Nittala，2014）。一些消费者认为商家唯利是图，公众媒体只是其同盟，而一旦消费者对绿色生态信息不信任，那么各类环保认证对消费者绿色消费行为就无多大影响。公信力提升是消费环境优化的重要内容，可以从政府、消费者以及厂商三个方面着手。从政府角度来看，关键在于规范制度。政府应通过建立相应的规章制度，提升自身公信力，促使人们对绿色消费的信任提升（Carrete，2012）。从消费者角度来看，关键在于提升环保认证意识。由于环境广告对消费者购买行为影响不显著，政府应该出台政策提升公众环保认证意识，推动环保认证信息受到消费者主动认可（Rahbar and Wahid，2011）。从厂商角度来看，重点在于信息透明。政府需引导和规定厂商通过构建简单且方便使用的生态标签来提供可信信息，方便消费者辨识，从而鼓励其购买绿色产品。

第二，社会规范。除了消费者自身内在意识观念以外，社会规范等外在因素也可能影响绿色消费行为（Chan et al.，2008；Koller et al.，2011；Welsch and Kühling，2009）。Vermeir 和 Verbeke（2006）认为，社会规范能被衡量（而不是被操纵），是因为社会规范与价值观都是每个人固有的，是根深蒂固的观念和动机，在消费者的生命周期中相对稳定，在短期内几乎不可能改变。社会规范之所以被认为能影响绿色消费，是因为其在理性行为理论中起着决定行为意图的作用。已有研究表明，社会规范会促使消费者更倾向于选择可持续产品。坚持更高社会规范可持续产品的消费者，会对可持续产品有更积极的态度和意愿。对另外一些消费者来说，其自身态度可能相当消极，购买绿色产品的意向往往是来自外界的社会压力（社会规范）。这种态度行为的不一致，可能是因为消费者的朋友和家人认为购买可持续产品相当重要，也有可能是其出于社会需要而打算购买相关产品。因此，认识并强调消费者所面临的社会规范和来自同行的压力是解释这种不一致的有效途径。

第三，政策因素。环境责任定位在个人层面是不够的。针对我们日常生活中不断上升的资源消耗率，必须跨领域进行政策变革，这就要求政府在领导和促成相关变革方面承担更大的责任（Moloney and Strengers，2014）。Prothero 等（2011）认为，各国政府大胆而审慎的决策是向可持续社会和可持续消费转型的基本前提，公共政策将在这一转变中发挥重要作用。政策刺激是推动消费从主流社会范式向新环境范式转变的驱动力之一。从历史看，监管者和公共政策制定者在绿色消费者理论框架的各个阶段都发挥着重要作用（Groening et al.，2018）。成功的政策举措大多以可持续性为核心，积极推动变革，为未来如何进行可持续消费提供知识和指导（Scholl et al.，2010）。一些公共政策举措侧重于纠正价格，使价格公正，或利用税收工具调整环境影响和其他市场价格中未反映的外部性（Prothero et al.，2011）。有学者提出分析可持续消费或者绿色消费政策的框架结构。例如，Akenji（2014）引进了态度—促进者—基础设施框架，该框架能分析超出绿色消费主义范畴的可持续消费政策设计，并且促进生活幸福和生态可持续。

二、基于行业领域分析

（一）绿色酒店消费的影响因素

消费者自身态度、行为及习惯是影响其选择绿色酒店的主要因素。绿色酒店是一种带有环境友好型特点的住宿酒店，它制定并遵循生态计划和行为，如节能、节水、减少固体废物排放、节约成本等，从而达到保护地球的目的。首先，绿色信任是消费者选择绿色酒店的必要条件（Yodav，2019）。其次，态度、主观标准以及行为控制对其选择酒店有正向影响（Han et al.，2010），而支付溢价意愿不足、生物圈价值低、缺乏态度和主观规范对消费者选择绿色酒店有负向影响（Yadav et al.，2019）。Chen 和 Tung（2014）指出，消费者有更强的环境意识会使其对绿色酒店态度、主观规范、感知行为控制、感知道德义务产生积极影响，从而影响消费者选择绿色酒店的目的。再次，预期绿色酒店意向的形成可能会因客户参与环境友好型活动频率不同而有所不同。为了深入了解其中关系，Han 等（2010）假设环境友好型活动影响了前定变量和入住绿色酒店意向之间的关系。在态度、主观规范和行为控制等方面水平相近的情况下，以往环境友好型活动参与率高的客户会更愿意选择绿色酒店。另外，在解释客户入住绿色酒店的环保意图时，Han 等（2011）发现年龄、受教育程度和收入等个人特征因素相对于性别、环保态度和以前入住绿色酒店的经历等因素并没有那么重要。最后，绿色管理可以通过实现品牌差异化、培养客户忠诚度以及提高酒店的声誉，为绿色酒店带来更多客户（Han，2011）。

（二）绿色食品消费的影响因素

随着消费者对绿色食品需求大幅提升，学界逐渐展开对绿色食品消费影响因素的研究。Vitterso 和 Tangeland（2015）根据挪威 2000 年和 2013 年两次消费者购买有机食物调查结果发现，相对于 2000 年来说，2013 年有机食物的可得性更高。同时，消费者对生态标签制度的信任和有机食品质量的看法变得更加消极。最重要的是，更多消费者看不到购买有机食品的好处，政府的宣传强调对消费者来说几乎没有效果。无论是政治工具还是理论分析，都应主要从关注消费者向识别阻碍消费者进行可持续食物消费的经济和政治利益矛盾因素转变。Vermeir 和 Verbeke（2006）认为，可持续性、确定性和感知消费者效应对消费者购买可持续性乳制品的态度具有显著的积极影响。他们发现，消费者对待绿色消费的态度可能是积极的，但由于可持续产品的低可得性，消费者购买意愿仍然很低。相反，尽管个人态度相当消极，来自他人的社会压力（社会规范）却可以解释其购买目的。由此可见，通过提高参与度、感知消费者效应、确定性、社会规范和感知可用性，可以促进更可持续的道德食品消费。Laureti 和 Benedetti（2018）检验了个人有机食品消费行为的差异是否与个人居住地区的社会经济和环境特征有关，发现关注动物福利、土壤污染和森林砍伐的个体购买有机产品的可能性更高，不同区域对土壤污染的认识对个人日常有机食物消费也会有显著的正向影响。

（三）新能源汽车消费的影响因素

从一些发达国家新能源汽车发展历程来看，政府为推动新能源汽车消费市场发展发挥了至关重要的作用。产品外在信息如品牌、价格等往往会影响消费者购置新能源汽车。在美国，联邦政府自 2010 年 1 月 1 日起对购置纯电动及插电式混合动力轻型车的纳税人实施个税抵免政策。在 2017 年美国税收改革中，多项抵免政策皆被废除，但电动汽车购置抵免政策仍被保留。美国各州也有不同政策措施鼓励新能源汽车的使用，例如，加利福尼亚州将控制烟雾污染物和温室气体排放结合到一个统一的协调标准包中，对乘用车实施零排放车辆法规。2019 年，日本国土交通省计划拨款 5.3 亿日元支持"地方交通绿化事业"，推动公共交通领域用车电动化，日本环境省计划拨款 10 亿日元支持"电动卡车/巴士导入加速事业"，补贴卡车和公共汽车经营者。在欧洲，荷兰对新能源汽车免除登记费和道路税，截至 2020 年，荷兰新能源乘用车渗透率就已经超过 20%。德国规定 2025 年 12 月 31 日前注册的纯电动汽车和氢燃料电池汽车可享受 10 年税费减免。而英国为电动汽车和二氧化碳排放量低于 75 克/千米的车辆实行优惠税率。当前，电动汽车在行驶里程、最高时速等方面已经有了长足进步，在运行成本、性能、风格以及舒适度方面相较于传统燃油车具有明显优势，但充电基础设施成为限制其全面推广的重要因素之一，因此需要政府在配套设施建设上加大投入。

第四节
绿色消费思想研究

一、绿色消费相关思想

虽然学界很少直接对绿色消费思想演进进行研究，但许多学者在对西方可持续发展思想、绿色发展思想、生态环境和经济增长关系的研究中都涉及零星的绿色消费思想的内容。安树民和张世秋（2017）研究西方可持续发展思想，发现古典经济学时期就产生了对稀缺资源的认知，并且在商品价格上得到反映。现代经济学时期，有学者认为，由于资本能够替代大多数物质资源，所以资源稀缺性问题并不是最紧迫的问题（Weitzman，1999）。除资本以外，西方学者还认为技术进步对绿色消费有重要影响。一方面，有学者认为，技术进步能够解决过度资源消耗带来的环境问题（Simon，1981）；另一方面，有学者发现技术进步也可能带来更多的资源消耗（Ayres，2008）。例如，19 世纪 60 年代，Javons 发现蒸汽机技术的进步使得煤炭使用效率提升，但能源消费却增加了，他由此提出了杰文斯悖论（Barker et al.，2007）。Khazzom（1980）和 Brookes（1990）在 20 世纪 80~90 年代提出回弹效应，阐明了由于能源消费效率提升使得能源消费增加的现象的机理。

国内一些学者在对中国古代和现代人与自然关系的研究过程中显露出

了绿色消费相关思想。朱士光（2008）认为，我国传统文化自古蕴含"天人和谐"的思想，天人和谐要求保护山、水、林、薮、土地等资源，并建立消耗自然资源的可持续发展制度。赵迎芳（2015）研究认为，儒家、墨家、道家等古代思想流派都主张"崇俭节用"的思想，使其始终成为中国传统消费思想的主流，这与现代绿色消费思想也有一定联系。王文军和刘丹（2019）梳理了新中国成立以来的绿色发展思想，在改革开放前人们认为环境问题是"天灾"所致，主要采取防范的应对措施，改革开放至今，中国先后形成了可持续发展、科学发展观、"两型社会"建设、循环经济、低碳经济、绿色发展理念等一系列绿色发展的新思想。燕连福等（2021）认为，习近平生态文明思想有利于打破中心主义思维的局限，实现人与自然的有机统一。"双碳"目标下绿色消费思想又被赋予了新内涵，丁志华（2023）将"双碳"目标下绿色消费演变发展阶段划分为感知到绿色消费行为必要性的碳启蒙阶段，首选绿色消费的碳自觉阶段，形成稳定、主动、自觉、自信绿色消费行为的碳自信阶段。

二、基于绿色消费思想的政策

一些学者研究了古代不同时期颁布的通过节制人类活动减少对自然资源和生态环境影响的法令，这些法令措施也反映了当时统治阶级的绿色消费思想。周景勇和商江（2019）对唐代生态保护法令进行研究，发现唐朝统治者为实现社会发展、皇朝稳定，对于水土、动物、植被资源采取开采与保护并重的法令。有学者研究清朝保护生态环境的政令发现，雍正皇帝颁布了世界上第一个禁止象牙制品的禁令，该禁令不仅有助于减轻老百姓的负担，同时也有助于生态环境的保护（夏云娇和才惠莲，2006）。现代对绿色消费的政策研究主要包括政策效果评估和政策量化分析两方面。一些学者分析了政策工具对于绿色消费的影响。王建明和赵婧（2021）研究了绿色产品认证、购置补贴、信息提示等政策工具组合对消费者绿色消费偏好的影响。Yuan（2020）等利用不同中介因素探究政策对绿色消费行为的影响机制。郭蕾和赵益民（2023）从政策文献计量和政策内容量化两种研究路径出发，对中国近年来消费减排政策进行回溯，发现居民消费减排的战略地位有待进一步提高。Yang 等（2020）分析了国家层面绿色消费政策文件，发现绿色消费政策的发展经历了初始阶段、初步发展阶段和深度发展三个阶段，绿色消费政策的重点已经从最初强调污染控制和清洁生产转变为建设循环经济和鼓励生态环境保护。

第五节
绿色消费简要评价

近年来，绿色消费研究取得了长足进步，但仍然存在以下问题：

第一，绿色消费测度方法欠缺。已有研究在整理绿色消费行为变量时，要么将消费者视作已经做出了绿色消费行为，要么将消费者视作完全没有做出绿色消费行为，尚未找到一个可以表征不同程度绿色消费行为的测试方法。在实现"转型的绿色经济"过程中，经济和环境的测度至关重要。由于缺乏可用的数据且各类定义不统一，测度无法成为有效决策和经济转型的支撑。另外，环境行为评价或测度还有一些值得商榷之处。一是很多研究基于个体的主观报告，然而主观报告与观测值可能存在差异。二是因子分析常被用来检验环境行为，但行为往往由多种因子共同决定，而且个体可能在不同行为中有不一样的表现。三是无法精确测度到底哪种具体行为会导致结果变化。因此，构建一个包括生态环境因素在内的消费指标体系来测度某一国或者某一地区绿色消费发展状况十分必要，绿色消费指标体系的构建也是定量分析绿色消费的基础。

第二，多维视角促进绿色消费发展的机制研究需要加强。现有研究关于绿色消费的影响因素虽然较丰富，但往往针对绿色消费的某一方面，或者聚焦于微观个体行为选择，如个体的感知、商品的可得性、消费环境等，从宏观视角定量分析绿色消费的影响因素、趋势特征、效应机制的研究还较少。例如，很少有研究从整体上把握并量化分析驱动我国绿色消费的因素有哪些、贡献率如何，这既是因为绿色消费测度困难，也是因为影响绿色消费的因素复杂，因果识别很难。此外，很多研究基于微观层面的数据定量分析，宏观层面定量研究不足，应鼓励从多维度和多视角检验绿色消费发展机制。

第三，定量分析绿色消费的方法和模型比较稀缺。当前，缺少较为成熟和科学的绿色消费分析方法和理论模型，为了进一步探究绿色消费的一般发展规律，有必要寻找更多经济模型分析影响绿色消费的主要因素或者测度其驱动力的贡献。在环境经济学研究中，有学者针对碳排放、能源消费等内容建立了相对成熟的研究范式，形成了一批以 IPAT 模型为代表的稳健的定量分析模型；在行为学研究中，计划行为理论等成熟理论模型也正运用到绿色消费的分析中；在统计学研究中，贝叶斯模型平均法等一些分析方法可以有效解决模型不确定性问题，其他细分学科成熟分析方法的引入，也能够极大地缓解绿色消费分析方法的不足，推动绿色消费研究的不断深入。

第四，从历史角度溯源绿色消费演进规律的研究较少。已有研究大多只聚焦于某一历史时期的绿色消费相关思想或实践内容，不能说明绿色消费思想或实践的承袭关系或变化趋势。同时，从中西方角度对绿色消费进行比较的研究较少，且既没有分析中西方绿色消费是如何相互影响的，也没有探讨两者的共同点和差异。此外，不同时期绿色消费的发展没有考虑当时的经济社会背景，绿色消费发展必然受当时社会生产力水平和社会制度的影响。当前，绿色消费在实践发展中遇到的动力不足、机制不畅等问题（黄韬慧和杨璐，2023），从根源上都与对绿色消费发展本质规律认识不深入有着密切关联。因此，开展绿色消费演进研究不仅对于深度挖掘中西方绿色消费发展的一般规律，解决当前经济发展和环境保护之间的矛盾提供了来自消费端的思路和经验，还对贯彻落实绿色发展理念、加强生态文明建设具有重要的理论和现实意义。

第六节
本章小结

总体来看，学界针对绿色消费的研究走过了一个由萌芽到发展再到逐步成熟的历程。国外绿色消费研究起步于 20 世纪 70 年代，最初被视为是"社会营销"概念的一种扩展，随后拓展至描述绿色消费者并理解他们的态度和行为之间的关系，再演变为研究消费者动机、心理以及制度因素的作用，再到研究消费行为对环境的影响和绿色消费影响因素。我国绿色消费的研究相对较晚，20世纪90年代初，有关绿色食品的研究率先涌现，随后关于绿色消费的定义、研究范畴及意义的研究陆续开展，并且由绿色消费领域慢慢拓展到绿色生产领域。近年来，利用微观数据对绿色消费进行的研究逐渐增多。

具体来看，绿色消费研究基本内容包括：一是绿色消费相关概念研究。国外学界很少对绿色消费下严格定义。一般认为主要有狭义和广义之分，狭义的绿色消费是可持续消费的一部分；广义的绿色消费包含可持续消费、绿色消费、正念消费、道德消费、政府绿色消费以及其他与环境相关消费行为等。国内学者虽然对绿色消费给出了定义，但定义众多、侧重点各不相同。这也反映出绿色消费内容上的多元性，且随社会、科技、经济等发展变化十分迅速的特点。二是绿色消费研究的重点领域。绿色消费研究主要涉及绿色消费目的和行为影响机制、绿色消费环境效应与改善机制、绿色消费行为预测理论模型等内容。三是绿色消费影响因素相关研究。可以从两个维度对绿色消费的影响因素进行归纳：一方面，根据消费经济学研究范式，将绿色消费的影响因素划分为消费主体、消费客体及消费环境三个方面。其中，消费主体的影响因素包括消费者自身环境价值观念、消费者对外部条件感知、消费者的支付能力和意愿；消费客体的影响因素包括产品生态标签、绿色产品质量、绿色产品可得性；消费环境的影响因素包括公信力、社会规范、政策因素。另一方面，根据行业领域划分，梳理了在酒店、食品、新能源汽车等领域绿色消费的主要影响因素，包括消费者自身行为态度及习惯、商品可得性、政府政策等因素。四是绿色消费演进研究。中西方一些学者在可持续发展思想、绿色发展思想、生态环境和经济增长关系、人与自然关系的研究中都涉及零星的绿色消费思想的内容。

目前，现有绿色消费研究依然存在一些不足。一是绿色消费测度方法欠缺，绿色消费测度准确性、全面性不够，经济和环境因素考虑不足；二是多维视角促进绿色消费发展的机制和路径研究需要加强，从宏观视角把握并量化分析影响我国绿色消费的因素研究欠缺；三是定量分析绿色消费的方法和模型比较稀缺，有必要借鉴环境经济学、行为学、统计学中更多成熟的经济模型和方法加强绿色消费的定量分析；四是很少有从历史角度溯源绿色消费演进规律的研究。

绿色消费基本概念与理论基础

第○章
绿色消费简要评价

2016 年 2 月 17 日，国家发改委、中宣部、科技部等十部门联合出台的《关于促进绿色消费的指导意见》指出，绿色消费是指以节约资源和保护环境为特征的消费行为，主要表现为崇尚勤俭节约，减少损失浪费，选择高效、环保的产品和服务，降低消费过程中的资源消耗和污染排放。绿色消费具有不同于一般消费的特点，对环境的影响不同，其既受家庭收入、价值观等多种微观因素制约，也受政治、经济、社会、人文等宏观条件影响。绿色消费相关理论基础主要包括需求层次理论、回弹效应理论、技术决定理论、环境经济学理论、计划行为理论等，以上一系列理论和假说为本书建立绿色消费指数指标体系、指数结构分解及影响因素分析提供了坚实的理论基础，构成了本书的理论框架。

第一节
基本概念

一、概念界定

为了进一步拓展绿色消费的内涵和外延，更好地定量研究绿色消费，丰富新时代绿色消费的理论意义，有必要给出绿色消费的新概念。探究绿色消费的概念必须结合消费者行为学、消费经济学、环境经济学等学科的研究成果，同时梳理绿色消费发展演进历程，参考各国相关政策内容。随着学界对绿色消费研究的不断深入，绿色消费所涵盖的范畴不断完善与拓展。从消费者行为学视角来看，绿色消费不仅指购买绿色产品这个环节，还包括消费者在寻求、使用、评价和处理他们期望能够满足其需求的产品和服务过程中表现出来的行为，以及这些行为对环境的影响。从消费经济学、环境经济学等视角来看，绿色消费是指人、自然和经济社会三者协调发展的模式，其既要保证当代人的消费需求，还要兼顾子孙后代的消费需求。从人类对绿色消费实践认识的历史角度来看，绿色消费走过了一个由萌芽到发展再到逐步成熟的历程，是不断发展变化的。从各国政府出台的促进绿色消费的政策措施角度来看，人类社会对绿色消费的认识也是有所差异的。从以上理论和实践等多角度剖析绿色消费基本概念，本书认为，绿色消费是以保护生态环境和节约资源为要求，以促进消费发展为目的，以满足当代及子孙后代生存和发展诉求为底线，并实现全社会向崇敬自然、追求质量、共享发展观念转变的消费模式。

二、主要特点

绿色消费相较于其他消费更为特殊，总结绿色消费的主要特点能为后续绿色消费影响因素等研究提供一定的经验参考。

第一，绿色消费具有矛盾性。绿色消费中的绿色意味着资源环境的保护，消费却意味着对资源环境的破坏和消耗，是相互矛盾的。绿色消费存在回弹效应，即在经济增速一定的情况下，技术进步会促进绿色消费发展和促进经济增长，从而刺激消费需求增加，最终导致技术进步带来的环境效应被经济增长引致的消费需求增加所抵消。Druckman 等（2011）认为，在减少温室气体排放时，也会产生回弹效应。例如，人们在日常生活中通过步行或者减少乘坐短途汽车的方式降低汽油等燃料消耗，但其节省的成本可能被用来购买额外的衣物或者乘坐飞机度假，使得温室气体排放减少量可能比预期低。由此可见，绿色消费在某些情况下可能产生相反的效果。

第二，绿色消费具有异质性。居民消费的环境影响大都体现在以家庭为单位的个体中，包括家庭日常管理、娱乐休闲活动、食物选择、居住选择、旅行行为等。个体之间之所以会做出差异性消费选择，受收入、认知、习惯等个体特征或财政、风俗等经济社会整体特征的影响。不同收入水平的家庭节约行为动机不同，比如，低收入家庭的绿色消费行为的主要目的是节省开支，而高收入家庭的绿色消费的目的可能是为了购买更高品质产品。不同价值观、文化、人口特征、财政、习惯、信息、生活方式、个性特征、道德等因素都可能对居民的绿色消费选择产生影响。综上可知，不同个体在自由市场中都有自己的效用方程，因此绿色消费的研究要基于微观个体选择，特别要考虑个体之间的异质性，这种个体特性是绿色消费不可忽视的一个重要特点。

第三，绿色消费具有复杂性。绿色消费不仅与环境和资源有关，还与社会和经济等诸多方面紧密联系在一起。因此，绿色消费的效应或影响因素不仅源自于自然资源和生态环境，还涉及政治、经济、社会、人文等诸多方面。绿色消费在理论和实践中都依赖于一系列行为和心理状态，它与许多概念有重合，包括道德的、可持续的、负责任的、正念的。例如，在绿色营销领域，风险观念、表现、信任等行为和心理状态都曾被认为与绿色消费紧密相关（Borin et al.，2013；Chen and Chang，2013；Zabkar and Hosta，2013）。随着新科技、新消费模式的涌现，绿色消费的内涵不断丰富，涉及的领域不断拓宽，绿色消费又面临更多新问题，产生更多新现象，复杂性不断提升，也反映了绿色消费的理论研究和实践发展要与时俱进。

第四，绿色消费具有协同性。绿色消费的协同性体现在以下四个方面：一是消费和生产的协同。Lebel 和 Lorek（2008）提出，要将消费和生产作为一个整体来分析，既要考虑消费和生产的单方面行为，也要考虑两者的相互作用，以及两者对环境的影响。二是消费与可持续发展生活方式的协同。Gilg 等（2005）认为，研究绿色消费要将其置于一个可持续发展生活方式的大背景下进行更广泛的讨论，这个生活方式必须与其他环保行为结合起来考虑，从而既能满足自身需求，又能提升社会和环境现状。三是物质消费水平和时间的协同。既要满足当代生活需要又要满足后代需求，要从历史的维度去定性绿色消费。四是消费数量和消费方式的协同。虽然绿色消费的一个重要内容就是物质减量化，但并不意味着消费数量的必然减少，或者生活水平的下降，更重要的是消费方式的变化（Sheth et al.，2011；Welsh and Kühling，2009），以及消费效率的提升。绿色消费不是绝对的替代或者互补关系，而是既有一定程度的替代，即用低能源消耗、低污染的消费方式替代高能源消耗、高污染的消费方式；也有一定程度的互补，即一般消费和绿色消费共存。绿色消费最终目的是实现人类可持续发展和满足人民日益增长的美好生活需要，需要相应的经济、自然条件作为基础，这在一定程度上允许了绿色消费和一般消费的互补共存。

第二节
理论基础

一、需求层次理论

1943 年，美国心理学家马斯洛在《人类激励理论》一书中提出了著名的马斯洛需求层次理论。马斯洛认为，人类的需求可以分为五种，需求层次越低，力量越大，潜力越大，在更高级别需求出现之前，必须先满足低级别需求。这五种需求层次从低到高依次为：生理需求（食物、空气、睡眠、性的需要等）、安全需求（人身安全、职业安全、生活保障等）、社交需求（得到关怀、爱护、理解等）、尊重需求（自尊、希望受到别人的尊重）和自我实现需求（自我理想、价值的实现、为社会作贡献等）。

在生产力水平较低、商品和服务供不应求的条件下，人们的消费水平往往很低，社会能够提供的商品和服务也很有限，这时人们的消费需求大部分为基础型、生存型消费需求，也就是五个层次中最基础的生理需求。随着经济社会的发展，工业化程度逐步提升，人们的物质生活水平有了很大保障，基本的衣食住行等低层次的生理需求得到了满足。由此，人们开始关注生活消费的健康安全性，即需求层次理论中的安全需求人们开始更加注重优良的居住环境，或者希望在生活中通过对环境影响小、对身体健康有益的消费方式得到他人的关怀理解、受到他人的肯定与尊重，即需求层次理论中的社会需求和尊重需求。人们希望更多通过自身环保行为影响大众从而实现自我价值，即需求层次理论中的自我实现需求。

综上所述，由于经济社会的不断发展消费者的消费需求层次逐渐提升，对生活质量和品质有了更高的诉求，人们越来越清楚对于当代和子孙后代的生存发展所应承担的社会责任感和使命感，也是高层次自我实现需求的表现。为了满足需求层次理论中人们不断提升的需求层次，绿色消费的意义逐渐凸显，这种既有利于生态环境保护，又有利于人类健康发展的可持续消费方式逐渐受到欢迎（胡雪萍，2016）。

二、回弹效应理论

19 世纪 60 年代，杰文斯（Javons）发现，蒸汽机技术的进步使得煤炭使用效率提升，但能源消费却增加了，他随即提出杰文斯悖论（Barker et al.，2007），这是回弹效应的最初雏形。Khazzom（1980）和 Brookes（1990）在 20 世纪 80～90 年代正式提出回弹效应，即能源消费效率提升使能源消费增加的现象。这一现象的产生是因为在产出水平既定的情况下，能源效率的提高使得预期能源消费降低，但能源效率提升又使得能源价格（能源消费成本）降低，从而促进能源消费，最终使得能源消费降低量低于预期。

回弹效应主要有直接回弹效应和间接回弹效应：直接回弹效应是指能源效率的提升降低了能源消费成本，从而引致更多能源消费；间接回弹效应是指能源消费成本降低，导致同样需要能源来生产的其他类型商品的需求的增加（Greening，2000）。

回弹效应理论主要运用于两方面研究。一是直接回弹效应计算相关研究，涉及工业部门和居民家庭能源消费等方面（孙锌和刘晶茹，2013；国涓等，2010），最简单的能源消费回弹效应的计算公式如下：

$$回弹效应 = \frac{预计节约能源消费量 - 实际能源消费量}{预计节约能源消费量} \times 100\%$$

二是从技术进步角度分析能源消费和经济增长的关系，技术进步提升了能源效率并降低了单位能源消费。同时，技术进步又促进经济增长，能源消费受到经济增长驱动，最终使得因为技术进步节约的能源与经济增长引致的能源消费需求增长部分相抵消（俞海山，2015），具体机制如图 3-1 所示。

绿色消费同样可能产生回弹效应。绿色消费往往需要更高的技术水平作为支撑，因此技术进步是驱动绿色消费发展的主要因素之一。技术进步、效率提升带来的物质消费的减量化保证了人们的消费效用，实现了一定程度上的绿色消费。同时，技术进步可以使经济增长，从而为居民带来更多财富，而收入的增加又可以反过来刺激消费，使得因技术进步而减少的物质消费被经济增长引致的物质消费需求增长部分相抵消。因此，在测度绿色消费水平或者进行绿色消费指数分解时，不能忽视技术进步、经济增长对绿色消费水平的影响作用，尤其要区分各因素的贡献程度。

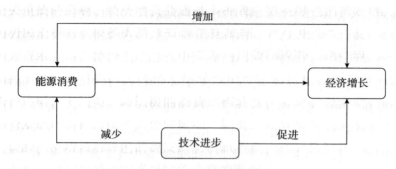

图 3-1　回弹效应模型

资料来源：俞海山. 低碳消费论[M]. 北京：中国环境出版社，2015.

三、技术决定理论

20 世纪 70 ~ 80 年代，美国学者巴里·康芒纳提出"技术决定理论"。他认为，环境危机来源于生态圈和技术圈之间的冲突。生态圈是指与自然界所有其他生物共同居住的自然世界，技术圈是指人类自己改造的世界。在生态圈中，万物相互协调和联系，构成了一个循环的系统；在技术圈中，事物构成线性而非循环过程，会释放出大量不可循环利用的废弃物。技术决定理论认为，为了减轻环境问题，人应该主动采取措施，通过技术手段减轻人类活动对生态环境的影响（赵迎欢，2004）。

绿色消费的发展受到经济发展的推动和生态环境的影响。技术决定理论也启示人们通过不断加强技术投入促进绿色消费发展。技术手段在发展绿色消费中的作用主要体现在减少资源投入和增加消费上。前者包括通过技术革新强化生产过程中的绿色化程度，减轻污染排放和提升排放物重复利用率；通过加强技术研发设计绿色包装和提升产品质量，推动产品第一次使用后的循环利用。后者包括通过新技术丰富绿色产品供给，满足人们多样化的消费需求，激发消费潜力；通过技术投入建立现代化的物流系统，借助互联网大数据等技术降低运输环节碳排放，提升运输效率，满足更多人的消费需求。

四、环境经济学理论

20 世纪 70 年代以来，环境经济学研究在经济发展和环境问题日益凸显的背景下逐渐发展起来，其主要目的是化解经济发展和生态环境问题之间的矛盾，研究范畴包括环境政策研究、国际环境经济和政策、空间环境经济学、环境评价和核算、宏观环境经济学等，环境经济学的研究目的是促进经济和环境资源的可持续发展（靳敏，2020）。

近40年来，各国学者不断丰富环境经济学理论体系及应用，从早期基于技术经济分析、环境影响评价和经济增长模型等方面，向更宽领域进一步拓展，对生态环境与经济发展关系的认知从对立矛盾到协调互补。例如，提出了环境库兹涅茨曲线假说，指出经济增长或者说居民收入对于环境污染有着至关重要的影响。Grossman（1995）认为，经济增长可能通过多种效应影响环境：一是通过规模效应对环境产生消极影响，即投入不断增加、产生更多的排放；二是通过技术效应对环境产生积极影响，即提高资源利用效率，降低单位产出的排放；三是通过结构效应影响环境，即经济增长导致经济结构先从以农业为主转向以污染较重的工业为主，随后又转向以较轻污染的服务业和知识密集型产业为主，结构的变化引起单位产出的排放水平下降，环境破坏得以减弱；四是通过收入效应对环境产生积极影响，即随着收入水平提升，消费者在满足基本生活需求后追求健康、绿色的商品，绿色消费支出增加。

从环境经济学视角研究宏观居民消费问题，必然涉及居民消费整体生态状况、居民消费会产生怎样的生态环境影响，以及可能影响居民绿色消费的因素等。大量研究表明，通过分析绿色消费的现状特征和发展趋势可以评价绿色消费的政策效果，通过分析绿色消费的效率和效用可以研究消费的公平性、正义性议题，通过分析绿色消费的影响因素有助于针对性地提出发展绿色消费的政策措施。

五、计划行为理论

许多学者在绿色消费行为影响因素和主要机制的研究中常常采用理性行为理论模型（TRA）和计划行为理论模型（TPB）。理性行为理论是由美国学者菲什拜（Fishbein）和阿耶兹（Ajzen）于1975年提出的，主要用于分析态度如何有意识地影响个体行为，关注基于认知信息的态度形成过程，其基本假设是认为人是理性的，在做出某一行为前会综合各种信息来考虑自身行为的意义和后果。计划行为理论是由Ajzen（1988，1991）提出的，他认为个体行为除了受其行为态度和行为主观准则的影响以外，还要受个体对实现该行为的难易程度的感知，即感知行为控制的影响。

随着有关绿色消费研究的不断深入，很多学者通过对计划行为理论模型的修正，能够更好地解释消费者绿色消费行为产生的机制。盛光华等（2019）研究发现，消费者生态价值观和个人感知相关性可能会影响个体的绿色消费意愿。Yadav 和 Pathak（2017）将感知价值和支付溢价的意愿加入计划行为理论模型，结果显示，拓展的 TPB 更有解释力。已有研究启示可以借助成熟的计划行为理论模型来检验个体绿色消费行为的影响机制。计划行为理论模型当然也存在一些不足，比如，可能会忽视过去行为、习惯性行为对当前行为意愿的影响。研究发现，过去行为对现在行为意愿和行为都有重要影响（王建明，2012），因为过往经历会影响人的认知，从而做出不同行为。

因此，本书将环境认知融入计划行为理论模型探究其对绿色消费行为的影响路径机制。在计划行为理论模型框架中，态度、主观准则和感知行为控制都与个体心理状态紧密相关，而根据知信行理论模型，人在做出特定行为时的心理状态往往又是由自身对某个事物的认知引起，从而影响其行为意向，进而产生特定行为。为了探讨个体做出绿色消费行为的内在驱动机制，尤其是进一步识别诱发绿色消费态度和行为不一致的因素来源，本书基于计划行为理论模型框架，结合知信行理论模型中的前定变量"认知"，尝试加入个体的"环境认知"这一前因变量，构建计划行为理论扩展模型，进一步探究环境认知对消费者绿色消费行为的影响及路径机制：个体的环境认知是否会对绿色消费行为产生影响？通过哪些路径产生影响？环境认知是否改善或者引致态度—行为不一致现象？本书中关于个体环境认知因素的检验可以从微观视角较好地补充现有基于宏观视角对绿色消费影响因素的研究，挖掘经济、技术、生态环境等外部影响之外的属于人的内在动机因素。

六、理论框架

上述一系列理论和假说为本书建立绿色消费指数指标体系、指数结构分解以及影响因素分析提供了坚实的理论基础。本书的理论框架如图 3-2 所示。

第一，环境经济学理论为绿色消费指标体系的构建提供理论依据。依

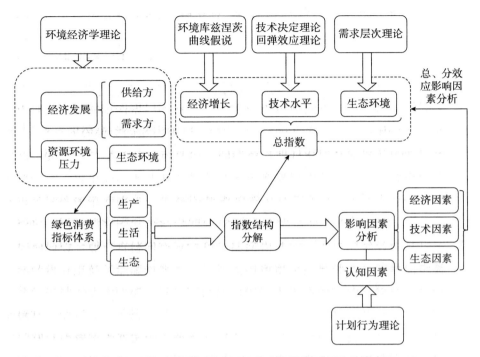

图3-2　绿色消费指数测度、结构分解及影响因素理论框架

据环境经济学理论研究居民消费问题，消费应符合自然生态平衡和物质循环规律，与消费相关的经济活动应建立在环境资源的适度承载能力基础之上，综合考量人们的消费满足程度和生态环境质量。环境经济学理论与绿色消费具有内在一致性。运用环境经济学理论平衡环境保护和经济增长之间的压力是环境经济学研究的基本内容，而绿色消费要求在保护生态环境和节约资源的基础上促进消费发展。环境经济学理论为评价绿色消费发展总体状况提供了理论支撑。从消费发展和生态环境保护这两个关键问题出发，绿色消费发展要求供给和需求两端绿色化，即要求企业生产环节绿色化以及居民生活消费环节绿色化，生态环境保护要求保障人们绿色的生活环境。供给、需求和生态环境三个维度要素启示建立生产—生活—生态"三位一体"的绿色消费指数评价体系。在此基础上，深入剖析和拓展绿色消费的科学内涵，可以制定较为全面和系统的多层次绿色消费评价指标体系。

　　第二，环境库兹涅茨曲线假说说明经济增长是绿色消费发展的驱动力之一。根据环境库兹涅茨曲线假说，经济增长或者居民收入水平对环境污染有着至关重要的影响。经济增长会通过多种效应影响绿色消费发展，既可能因为居民消费的规模扩大造成资源消耗加剧，产生更多"三废"排放，也可能因为技术提高，使得生产过程中资源利用效率提升，单位商品生产的能源消耗下降，还可能因为经济发展导致消费结构从重污染、单一化、低层次向轻污染、多门类、高层次的消费结构转变。可见，经济增长可能对绿色消费发展产生积极或者消极的影响。因此，在分解绿色消费发展指数时，要检验经济增长对绿色消费发展的贡献程度；在分析绿色消费发展的影响因素时，要检验经济因素对绿色消费的影响如何。

第三，技术决定理论和回弹效应理论说明技术水平是绿色消费发展的驱动力之二。技术决定理论、回弹效应理论都认为技术是影响环境的重要因素。绿色消费发展要兼顾公平和效率，技术进步是促进消费发展水平和生态保护质量提升的最有力的武器。一方面，根据技术决定理论，通过技术手段可以有效减轻人类消费活动对生态环境的影响，提升人们生活水平。另一方面，根据回弹效应理论，技术进步带来效率提高，带动了经济水平提升，大大放松了生态环境压力带来的资金、生态资源等制约，在一定程度上促使人们扩大消费，造成了新的生态环境压力，即产生"回弹效应"。据此，在分解绿色消费发展指数时，要检验技术进步对绿色消费发展的贡献程度。此外，在分析绿色消费发展的影响因素时，要检验技术因素是否促进了绿色消费发展，以及技术进步是否具有"成本效应"，即抑制了当期绿色消费发展水平的提升，促进了绿色消费的长远发展。

第四，需求层次理论说明生态环境是绿色消费发展的驱动力之三。根据需求层次理论，传统的基础型、生存型消费是较低层次的生理需求满足，随着经济水平的提升，绿色消费行为实现了人们更高层次的安全需求和自我实现需求。人们要求生活消费行为对环境影响小，保障居住环境的优良品质，不损害人体健康，即需求层次理论中的安全需求；人们希望通过自己的消费行为实现节约资源保护环境的生态价值，为他人以及子孙后代带来更好的生活环境和更丰富的自然资源，即需求层次理论中的自我实现需求。因此，随着人们对生态环境要求逐渐提高，在评价绿色消费发展水平时必然要考量生态环境质量。在分解绿色消费指数时，要检验生态环境治理措施对绿色消费发展的贡献程度。在分析绿色消费发展的影响因素时，要检验生态治理措施对绿色消费的影响如何。此外，一方面，生态环境治理管制可能会挤占经济增长的资源，从而对私人经济部门产生"挤出效应"，进而损害经济增长；另一方面，根据"波特假说"等理论，生态环境治理管制可以通过提高人们的环保意识和生产效率促进经济增长（李志青，2019）。因此，在分析生态因素对绿色消费经济效应的影响时，有必要检验生态因素是否对绿色消费经济效应产生抑制作用。

第五，计划行为理论说明环境认知影响个体做出绿色消费行为。计划行为理论假设个体是理性的，个体消费行为意愿受消费态度、消费主观准则、消费感知行为控制的影响（Ajzen，1985），被广泛地应用于解释并预测个体行为。计划行为理论（TPB）也可以被用来分析环境认知与绿色消费行为的关系。环境认知可能通过绿色消费态度、绿色消费主观准则、绿色消费感知行为控制等因素影响个体产生绿色消费行为意向，进而做出绿色消费行为。但是也要注意到，由于绿色消费存在态度—行为的不一致性，具有绿色消费意愿的个体可能受成本因素、监督因素等影响并不会真正做出绿色消费行为。

<h1 style="text-align:center">第三节
本章小结</h1>

首先，本章基于多角度的绿色消费理论和实践发展经验，重新界定了绿色消费，即指以保护生态环境和节约资源为要求，以促进消费发展为目的，以满足当代及子孙后代生存和发展诉求为底线，并实现全社会向崇敬自然、追求质量、共享发展观念转变的消费模式。

其次，本章总结了绿色消费的几个主要特点。绿色消费有矛盾性，绿色意味着对资源环境的保护，消费却意味着对资源环境的破坏和消耗，是相互矛盾的；绿色消费具有异质性，个体之间绿色消费差异很大，之所以会做出差异性消费选择，取决于收入、认知、习惯等个体特征或财政、风俗等经济社会整体特征的影响；绿色消费具有复杂性，绿色消费的效应或影响因素不仅源自于自然资源和生态环境，还涉及政治、经济、社会、人文等诸多方面，并且依赖于个体行为和心理状态；绿色消费具有协同性，主要体现在消费和生产的协同、消费与可持续发展生活方式的协同、时间和物质消费水平的协同、消费数量和消费方式的协同等方面。

最后，本章介绍了绿色消费研究相关的一些重要理论和本书的理论框架。一是需求层次理论，人的需求层次从低到高分别为生理需求、安全需求、社会需求、尊重需求、自我实现需求；二是回弹效应理论，指由于能源消费效率提升而使得能源消费增加的现象；三是技术决定理论，该理论认为环境危机来源于生态圈和技术圈之间的矛盾，应主动发挥人的能动性，通过技术手段减轻环境问题；四是环境经济学理论，不断丰富的环境经济学分析方法和理论，使得环境经济学研究从聚焦经济和环境的关联向更宽领域不断拓展。以上一系列理论和假说为本书绿色消费的测度与发展研究提供了可靠的理论支撑，并由此构建了一个基本的理论框架，指导该研究的开展。

第四章

绿色消费实践与思想演进

第一节
实践演进

一、国际实践演进

20世纪发生的美国洛杉矶光化学烟雾事件、英国伦敦烟雾事件、日本四日市哮喘事件等环境公害事件，使得民众开始关注生活中的环境问题，进而迫使企业转变生产方式，推动政府不断完善政策工具和管理制度。在这一进程中，绿色消费在经济社会可持续发展中的作用逐渐增强。基于实践视角，可以将绿色消费发展依次划分为由环境问题驱动、以资源循环和高效利用为主、强调绿色消费科学认知三个阶段（见图4-1）。

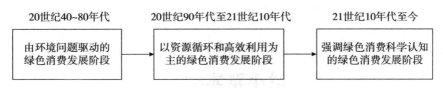

图4-1　绿色消费的实践演进框架

（1）第一阶段：由环境问题驱动的绿色消费发展阶段（20世纪40~80年代）

这一阶段的能源消费和化工制品带来的环境污染问题引起国际社会对绿色消费的关注。二战后，许多国家经历经济的快速增长，但单方面追求经济快速发展的模式对人类健康和生存环境产生了严重影响，是不可持续的。由于民众对环境问题的关注，一些国家开始注意到生产生活引致的环境问题。20世纪40~60年代，洛杉矶光化学烟雾事件促使美国联邦政府于1955年率先颁布了《空气污染控制法》，并于1963年制定了《清洁空气法》，成为大气流污染防治的主要法律依据。20世纪70年代，美国、德国等发达国家的环境问题使得消费者开始重视消费对环境的损害。1976年，美国制定了《固体废弃物处置法》。1978年，德国推出了"蓝色天使"标志，为民众购买绿色产品起到了示范作用，在这一时期需求端是关注的重点。进入 20 世纪 80 年代，供给端成为绿色消费发展的又一重点。美国政府强制要求碳排放消费高的行业或企业承诺增加可再生能源利用占比。20 世纪 80 年代末，环境问题的日益严峻使得绿色消费治理得到重视。1989 年，英国消费者协会出版的《绿色消费者指南》一书进一步推动了绿色消费者运动。

由此可见，20 世纪 40 至 80 年代是由环境问题驱动的绿色消费发展阶段。突出的环境问题使得消费者开始关注绿色产品，迫使企业关注供给端的绿色化程度，推动政府出台各项绿色消费政策措施。但这一时期的绿色消费主要在汽车、石油等环境污染较大的行业领域中被强调，涉及的生活领域有限。此外，人们将生态环境保护和消费发展视作是对立事件，一般认为消费必然难以做到生态环境保护，生态环境保护则会阻碍消费增长，还未充分体现消费和生态环境保护的内在统一性。

（2）第二阶段：以资源循环和高效利用为主的绿色消费发展阶段（20 世纪 90 年代至 21 世纪 10 年代）

这一阶段的政府强调通过石油、汽油、电力等资源循环和高效利用实现绿色消费发展。随着经济的发展，人们认识到消费快速增长和环境保护两者之间并不一定是对立矛盾的，各国试图寻找既有利于生活水平提升，又有利于环境保护的新消费方式。20 世纪 90 年代以前，由于经济高速增长，日本居民生活消费模式呈现"大量生产、大量消费、大量废弃"的特征。20 世纪 90 年代以后，由于经济陷入停滞，再加上资源短缺，日本政府建立了以资源消耗为基础的循环法律体系，并颁布了《资源有效利用促进法》，促进了日本循环经济发展。日本循环经济提倡生活方式绿色和资源利用可循环，进而从需求端倒逼供给端生产模式转变。20 世纪 90 年代，德国大力推进循环经济发展，1994 年颁布的《循环经济与废弃物管理法》是德国循环经济法律体系的核心。2000 年，德国又修订了《可再生能源法》，并颁布了《能源节约法》等一系列法律法规，这些法律法规为德国在许多细分领域发展循环经济提供了法律依据。20 世纪 90 年代也成为国际社会关注碳排放的起步阶段。

由此可见，20 世纪 90 年代至 21 世纪 10 年代是以资源循环和高效利用为主的绿色消费发展阶段。由于各国人民的消费需求数量不断提升，尤其是广大发展中国家人民消费水平由基础型、生存型向发展型、享受型转变，必然需要更多的资源满足其消费需求。因此，在有限的资源条件下，需要企业改进生产技术，通过科学调整产业布局和产业结构，实现资源的循环和高效利用，更好地满足消费需求。

（3）第三阶段：强调绿色消费科学认知的绿色消费发展阶段（21世纪10年代至今）

这一阶段通过深化绿色消费科学认知实现绿色消费发展。经过前面两个阶段的发展，绿色消费产业、制度、环境体系在很多国家和地区初步建成，并取得一定成效。这一阶段全球碳排放的增速相较第二阶段有所放缓，国际能源署（IEA）发布的《全球能源回顾：2021年二氧化碳排放》报告指出，2021年，全球能源领域二氧化碳排放量达到363亿吨，同比上涨6%。但绿色消费发展后续动能依然不足，实现碳中和等较高水平碳减排目标的难度依然不小。绿色消费的进一步发展不能仅依靠政府推动和企业自主革新，还需要消费者个人基于正确的绿色消费认知落实绿色消费行为，缩小消费者态度和行为之间的不一致，真正促进绿色商品的购买。例如，2013年日本启动"无食物浪费"项目，旨在针对存在食物浪费的每一个环节采取相应措施，提高消费者的节约意识，减少食物浪费行为。新能源汽车的推广与普及也是这一阶段绿色消费的重要内容。在政府的大力倡导和财政补贴下，企业通过科技创新，不断提升新能源汽车的性能，降低汽车使用过程中的能源消耗。在这一过程中，消费者也逐渐认识到新能源汽车对于环境保护和能源节约的重要意义。2023年2月，欧盟发布了"绿色协议产业计划"（The Green Deal Industrial Plan），计划放宽国家援助发放限制，鼓励绿色投融资，一定程度上有助于加速全社会对于绿色消费的认同。2023年，法国议会通过了"绿色产业法案"，旨在支持绿色科技产业，试图扭转半个世纪以来的去工业化趋势。2023年，美国贝恩公司基于对2.3万名消费者的调研发布了《全球可持续发展报告》，该报告显示，随着对环境问题的关注与日俱增，全球消费者愿意为环保产品支付一定比例的溢价，但消费者愿意承担的溢价比例与目前在售的环保产品溢价水平相比尚有一定差距。在美国，消费者愿意为环境影响小的产品平均支付11%的溢价；在印度、印度尼西亚、巴西和中国等快速增长的市场中，消费者愿意支付15%~20%的商品溢价，说明消费者对绿色消费的认知正逐渐在全球范围内获得提升。

综上所述，21世纪10年代至今是强调绿色消费价值观的绿色消费发展新阶段。基于个体视角的观察研究发现，绿色消费的态度和行为之间的不一致现象常常制约了个体做出绿色消费行为，导致这一现象的原因往往与消费者对绿色消费的科学认知息息相关。因此，深化人们绿色消费认知能够改变其传统消费习惯，在一定程度上弥补绿色商品价格劣势，通过营造出的全社会环境保护氛围推动消费者作出绿色消费行为选择，引领绿色消费的持续发展。

二、国内政策演进

我国政府也十分注重绿色消费政策的制定，虽然起步较晚，但发展迅速。1999 年，原国家环保总局等 6 个部门启动"三绿工程"，从"开辟绿色通道、培育绿色市场、提倡绿色消费"等多方面促进绿色产业发展。2003 年实施的《中华人民共和国政府采购法》将保护生态环境作为采购政策的重要功能。2005 年印发的《国务院关于落实科学发展观加强环境保护的决定》中提出要加大环境友好的消费方式，并指出了推行环境标志、环境认证、政府绿色采购制度等具体办法（靳敏，2020）。2006 年，我国第一份政府绿色采购清单颁布。2006 年，国家发改委等十部门联合出台的《关于促进绿色消费的指导意见》是中国首个专门针对绿色消费的统领性文件，要求从经济社会发展的多方面推行绿色消费。2009 年，国家发改委、工信部、财政部联合推广实施"节能产品惠民工程"，通过中央财政拨款，对生产高效节能绿色产品的企业给予补助，促进企业降低产品价格，推动绿色产品的销售。

党的十八大以来，我国政府和相关组织就绿色消费发展做出了多方努力。党的十八大提出，形成节约资源和保护环境的空间格局、产业结构、生产方式、生活方式。2013 年，国务院印发了《循环经济发展战略及近期行动计划》，将绿色消费作为推进社会层面循环经济发展的一项重要举措，并提出发展绿色消费的具体要求。《中华人民共和国国民经济和社会发展第十三个五年规划纲要》也提出要"开展绿色生活创建活动"。一些协会也积极参与绿色消费的推广，例如，中国连锁经营协会（CCFA）等组织联合举办"2016 年绿色可持续消费宣传周"。

另外，我国在绿色生产、垃圾分类等领域也出台了一系列政策措施。为了推动我国企业间绿色供应链建设，体现企业在环境保护中的主体责任，2014 年，商务部、环保部、工信部联合发布《企业绿色采购指南（试行)》，要求各企业加强绿色采购，不断提升原材料、产品和服务的绿色化水平，避免采购因环境违法行为被列入黑名单企业的产品，督促企业绿色生产。2016 年，国家发改委、住建部联合发布的《垃圾强制分类制度方案（征求意见稿）》中要求，到 2020 年底，在直辖市、省会城市、计划单列市及第一批示范城市中的其他城市在城区范围内必须实行垃圾强制分类。2017 年，发布《生活垃圾分类制度实施方案》为中国生活垃圾分类制定了总体思路，促进了各级政府相应出台垃圾分类具体方案。

习近平总书记多次就绿色消费、绿色生活方式相关工作做出过重要指示，在党的十九大报告中要求"加快建立绿色生产和消费的法律制度和政策导向"，"倡导简约适度、绿色低碳的生活方式，反对奢侈浪费和不合理消费"；在党的二十大报告中强调"倡导绿色消费，推动形成绿色低碳的生产方式和生活方式"。

近年来，发展中国家源自生活领域的能源消耗和碳排放量持续快速增长，对全球气候变化产生重要影响。为应对这一环境问题，2020 年 9 月 22 日，中国在第 75 届联合国大会上正式提出 2030 年实现碳达峰、2060 年实现碳中和的目标。以上一系列绿色消费相关计划和措施的出台表明我国高度关注消费发展及生态环境保护，绿色消费已成为包括中国在内的世界各国经济社会发展的必然选择。

三、国内外行业政策经验

不同行业绿色消费发展的特点和程度不同，在过去几十年中，各国针对不同行业出台了相应的绿色消费政策，从不同角度有力促进了各领域的绿色消费发展。

(一)汽车行业绿色消费改革

20 世纪，美国汽车工业迅速发展，汽车消费快速增加。1934 年，美国注册的机动车约 2500 万辆，占世界总数的七成；到 1950 年，美国汽车注册数量已达到 4900 万辆，到 1970 年达到 10800 万辆；到 2000 年这一数字已突破 21300 万辆[①]。但庞大的汽车消费市场也带来了严重的空气

---

① 彼得·道维尼.消费的阴影对全球环境的影响[M].蔡媛媛，译.南京：江苏人民出版社，2019：41-50.

污染问题。

美国主要依靠政府立法调控和同业竞争促进汽车消费行业绿色发展。1955年，美国率先颁布《空气污染控制法》。1963年，美国出台了《清洁空气法》，制定了更高的空气质量标准。20世纪60年代，美国加州政府制定了全球领先的车辆环保标准。1984年《加州烟雾检测计划》颁布，又对汽车排放检测频率做出了规定。20世纪90年代，美国又出台法律要求逐渐由一般柴油过渡到清洁柴油并进一步将汽油作为汽车燃料。由于政策立法的不断升级，为了在新法规下抢占市场，美国车企不得不加快研发生产排放小、污染轻的汽车。同时，美国车企还与政府合作推动汽车回收利用，进一步促进了循环材料的发展应用。

在中国，新能源汽车产业和消费发展是近年来汽车产业发展的亮点，我国政府出台了一系列政策支持新能源汽车的生产、消费及相关充电配套设施建设。2001~2024年，我国相继出台了近190项相关制度安排，包括法律法规、政策、规则、规划、意见、工作方案等正式文件，如《国家中长期科学和技术发展规划纲要（2006—2020年）》《关于支持新能源汽车贸易合作健康发展的意见》《关于调整节能汽车推广补贴政策的通知》《中华人民共和国车船税法》《政府机关及公共机构购买新能源汽车实施方案》《关于城市停车设施规划建设及管理的指导意见》等，涵盖了新能源汽车供给端、需求端和环境端，涉及创新生态系统、生产生态系统及应用生态系统。还有一些国家为公共充电或加氢设施的建设和运营给予直接投资和间接补贴，或者为私人用户安装家用充电设施提供折扣或减免。例如，2016年3月，日本经济产业省发布《纯电动汽车与插电式混合动力汽车路线图》，确定了2020年纯电动汽车和插电式混合动力汽车发展战略目标与实施方案，明确了充电基础设施发展目标；奥地利政府为2023年底前购买新能源汽车的用户提供600~1800欧元不等的基础设施补贴；瑞典政府对家用电动汽车充电箱实施50%的税收减免（最高1.5万瑞典克朗）；冰岛则宣布免征充电站及安装充电站的增值税。

（二）冰箱行业绿色消费改革

20世纪30年代以前，冰箱制冷系统中的制冷剂均是有毒物质且具有腐蚀性，因此，大家一直试图找到更安全的制冷剂替代品。从1930年开始，氟利昂逐渐被视为制冷剂的理想替代品，用于冰箱制冷，冰箱销量也随之快速上升。

但在 20 世纪 70 年代，有科研证据证明氟利昂能够破坏臭氧层。1976 年 4 月 UNEP 理事会第一次讨论了臭氧层破坏问题；1977 年 3 月召开臭氧层专家会议，通过了第一个《关于臭氧层行动的世界计划》；1980 年 UNEP 理事会决定建立一个特设工作组来筹备制定保护臭氧层的全球性公约，经过几年努力，终于在 1985 年 3 月在奥地利首都维也纳召开的"保护臭氧层外交大会"上通过了《保护臭氧层维也纳公约》，并于 1988 年生效。1990 年多国签署了《伦敦修正案》，要求发展中国家 2010 年前逐步停止氯氟碳化物的消费，发达国家 2000 年前停止 8 种氯氟碳化物消费。数据显示，世界氯氟碳化物产量从 1987～1988 年的峰值 110 万吨降到 1996 年的 8 万吨，到 2003 年不到 2 万吨[①]。

进入 21 世纪后，随着一些企业不断开发节能冰箱，含氟冰箱在各国被禁止使用并成功完成换代升级。例如，德国的博西家用电器集团用碳氢化合物代替了氯氟碳化物。还有一些企业生产使用太阳能等清洁能源制冷的冰箱。近年来，为了替代氟利昂，一些厂商使用氢氟碳化物作为制冷剂，相对于氟利昂，氢氟碳化物对臭氧层的影响较小，因此将它们作为冰箱制冷剂可以更好地保护环境。此外，一些高端的冰箱还采用 CO_2 作为制冷剂，CO_2 是一种天然的气体，不含氯、氟等有害物质。同时还兼具良好的制冷效果，因此越来越多的冰箱制造商开始使用更加环保的 CO_2 作为冰箱的制冷剂。

（三）食品行业绿色消费改革

近年来，随着新型化学喷雾和化肥使用增加，机械化耕作的农场增多，食品加工效率提升，农产品产量也迅速增长。产量增长带来了食品消费的增加，其中世界年人均肉食量由 1950 年的 17 千克增加到 2005 年的 40 千克，美国 2002 年人均肉食量更是达到 125 千克。然而，肉类的大量生产需要付出极大的生态环境成本。在动物饲料方面，需要使用大量的杀虫剂和化肥才能种出足够多的谷物，但杀虫剂和化肥会污染土地和水源。此外，饲养动物过程中必然会有抗生素、激素注入，被人体食入后会进入生

态系统。

随着畜牧业对环境影响增大，很多国家开始采用严格的环保标准管理森林、土地、水源和野生动物，绿色食品的要求逐步提升。20世纪80年代中期，美国农业部规定"天然"标准是指可以经过微加工，不含人工配料。2002年，美国农业部又对"有机"这一概念做出界定，比"天然"标准更为严格且要求不能使用生长激素、抗生素、杀虫剂、人工肥料等，不能运用转基因技术，同时要求使用有机饲料。2006年，美国农业部针对"草饲"这一个概念提出过建议性标准，要求牛的餐食中必须含有母乳和99%的青草、豆类和饲料①。

党的十八大以来，我国高度重视食品行业绿色消费改革，绿色食品经济政策密集出台。据统计，2014~2021年，中共中央、国务院及相关主管部门共颁布了十多个涉及绿色食品领域的重要法规和政策，包括《中国食物与营养发展纲要（2014—2020年）》《全国绿色食品产业发展规划纲要（2016—2020年）》《绿色食品标志使用证书管理办法》《"十三五"国家食品安全规划》《中共中央　国务院关于实施乡村振兴战略的意见》《中共中央　国务院关于全面推进乡村振兴加快农业农村现代化的意见》等，这些政策文件涉及内容包括：加快发展绿色食品产业，确立绿色食品产业发展目标和绿色食品标志使用规范，提出到2020年绿色食品产量占全国农产品及加工食品总产量5%以上，绿色食品质量抽检合格率在99%以上，国家级和省级农业产业化龙头企业、大型食品加工企业、出口企业比例达60%以上等发展目标。政策还强调要严格实施相关法规以确保绿色食品质量安全，同时细化绿色食品中畜禽和水产品的生产规范，要求大力推动绿色、有机和地理标志农产品发展，加速国家农产品质量安全县的创建等。

四、机遇与挑战

（一）机遇

绿色消费的崛起和流行为我国经济社会带来了新的机遇。

第一，强化市场刺激绿色消费。我国是拥有14亿人口的世界第二大经

---

① 彼得·道维尼. 消费的阴影对全球环境的影响［M］. 蔡媛媛，译. 南京：江苏人民出版社，2019：177-180.

济体，具有庞大的市场体量。社会消费品零售总额持续快速增长（毛中根等，2019），由 1978 年的 1000 多亿元增长到 2020 年的 39 万亿元，年均增速达 15%。2014 年以来，消费对 GDP 的贡献率连续排名首位，消费的基础性作用日益凸显。庞大的国内市场和不断升级的国内消费需求，是我国企业不断努力生产高品质绿色商品的外生动力来源。近年来，以线上消费为代表的新消费模式因其便捷环保的特点正快速进入千家万户（毛中根和谢迟，2020），迸发出惊人能量。目前，我国正加快形成以国内大循环为主体、国内国际双循环相互促进的新发展格局。通过加强资源的交流、集聚和循环，国际国内两个市场能够进一步促进绿色消费市场的竞争和发展，更好地促进绿色消费市场的供需平衡。

第二，产业升级助力绿色消费。我国正不断深化供给侧结构性改革，加快构建现代产业体系。供给侧结构性改革是促进绿色发展的重要途径。一是可以"清理空间"，通过去产能、去库存、去杠杆、降成本和补短板淘汰不可持续的落后产业模式，落后产能、过剩产能的淘汰为绿色产业发展创造了市场空间，促使相关企业能够聚焦长远利益；二是可以"提供动力"，供给侧结构性改革有力地解放和发展了生产力，提高了全要素生产率，促使企业不断革新技术，使得产品更好地满足消费者需求。例如，在产品生产环节使用环保材料，在设计环节考虑产品对人体健康的影响和产品使用后的回收利用可行性。当前，我国产业结构的升级和绿色消费发展两者内在高度协同，产业升级是绿色消费发展的内生动力。

第三，政策环境引领绿色消费。在绿色消费事业发展过程中，我国科学判断绿色消费对我国经济社会环境和人民生活的影响，将绿色消费的顶层设计有机融入国家政策设计中，出台了一系列积极有效的政策措施。我国正不断完善绿色消费相关立法和标准订立工作。《绿色食品标志管理办法》《生活垃圾分类制度实施方案》《企业绿色采购指南（试行）》《水效标识管理办法》《关于 2016-2020 年新能源汽车推广应用财政支持政策的通知》等政策法规的出台，规范了政府的绿色采购，引导了相关企业的绿色生产，保障了消费者的绿色消费权益，体现了我国对于发展绿色消费的坚定决心和对发展方向的正确把控。

第四，"双碳"目标推动绿色消费。消费已成为国民经济增长的第一驱动力，2021 年最终消费支出对国内生产总值增长的贡献率为 65.4%。然而，人们在不断提升消费水平的同时，也带来了资源枯竭、环境污染等问题。2019 年，中国碳排放量已达世界总排放的 28.8%，是世界上最大的碳排放国，2016~2019 年中国碳排放量从 91.37 亿吨上升到 98.25 亿吨，年均增长 2.5%。[①] 尤其是近年来发展中国家源自生活领域的能源消耗和碳排放量持续快速增长（见图 4-2），将对全球气候变化产生重要影响。为应对这一环境问题，2020 年 9 月 22 日，中国在第 75 届联合国大会上正式提出 2030 年实现碳达峰、2060 年实现碳中和的目标。绿色消费对于碳减排具有正外部性，在衣、食、住、行、用等方面，通过生产、消费、使用、使用后处理等各个环节直接或者间接减少家庭碳排放。发展绿色消费正好契合了"双碳"目标，在我国受到格外重视。随着"双碳"目标的确立，2021 年，国务院印发了《2030 年前碳达峰行动方案》，要求把碳达峰、碳中和纳入经济社会发展全局，大力发展绿色消费，推广绿色低碳产品。由此可见，发展绿色消费被视为实现"双碳"目标的又一重要途径。

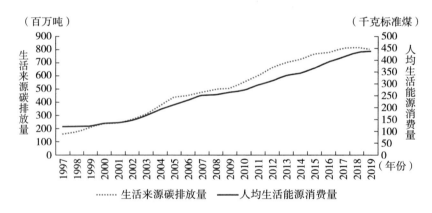

图 4-2 1997~2019 年中国生活来源碳排放量和人均生活能源消费量

资料来源：人均生活能源消费量数据来自于《中国能源统计年鉴 2022》；生活来源碳排放量数据来自于 CEADs，包括文化、教育、体育用品，运输、仓储、邮电服务，批发、零售、餐饮服务等行业碳排量之总和，https：//www.ceads.net/user/index.php？id=284&lang=en。

（二）挑战

我国绿色消费事业始终在发展实践中不断探索，虽然取得一些成绩，但由于起步晚、底子薄、基础弱，在经济、技术和环境等方面依然存在短

---

① 潘家华，廖茂林，陈素梅. 碳中和：中国能走多快？[J]. 改革，2021(7)：1-13.

板和不足。

第一，发展绿色消费的经济赋能不够。我国经济对绿色消费发展驱动效率低，主要是因为经济结构不平衡以及宏观经济调控手段不畅。经济结构方面，过去我国经济增长"重速度、轻质量"，企业为了追求利润大量消耗资源、破坏环境，政府在 GDP 导向下放松监管，致使产业结构失衡，高污染、高排放、高耗能企业占比过大，挤占了绿色消费发展空间，市场上绿色消费商品供给不足，绿色消费需求难以提质扩容，经济增长的红利未能充分传导到绿色消费上来。宏观经济调控方面，我国财税金融调控对绿色消费的有效支持不够，因为绿色消费产业的发展往往资金需求量大、收益慢，很多金融机构面对严格的业绩考核压力授信意愿低。而政府为了加快新能源汽车产业崛起，虽然给予了新能源汽车行业较高的补贴，但蜂拥而上的企业很多产品由于关键技术缺乏，不具有市场竞争力，未能起到对企业长期投资新能源汽车产业的激励作用，一旦补贴降低或者取消补贴，很多企业和资本就会退出，造成资源浪费。

第二，发展绿色消费的技术应用不足。绿色消费由于其环保、节能、低污染的要求，往往需要与之相适应的高技术和先进设备，我国在这一方面与发达国家相比还有明显差距：一是对相关核心关键技术掌握不足，有能力且愿意在绿色消费领域投入大量资本的企业本就有限，且很多基础性的技术手段已被欧美日等发达国家垄断，造成我国绿色环保技术创新难度大、进展慢；二是技术不足导致产品供给不足，国内在特定绿色消费领域有实力的企业太少，造成市场中高科技含量的绿色商品有限，需求大于供给，进一步抬高了绿色消费产品和服务的价格，这也是技术不足的侧面反映；三是我国在数字技术、互联网技术等方面虽然取得了一定成绩，但数字技术、互联网技术等信息化手段在绿色消费产业中的运用还明显滞后，大多是采用线下变线上的模式，科技含量不高，革命性科技创新力度不够，运营模式单一，还容易造成快递包装污染等新的环境问题。

第三，发展绿色消费的环境承载力不强。环境承载力是指某一区域的环境对人口增长和经济发展的承载能力（高鹭和张宏业，2007）。首先，我国资源环境供容能力有限。我国拥有 14 亿的庞大人口基数，每年产生的废水、废气、废渣和生活垃圾总量惊人，且由于还存在一些过去未处理的废弃物存量，未来环境的有效容量存在较大缺口。其次，我国资源分布不平衡。虽然我国自然资源丰富、幅员辽阔，但资源和人口分布不均，丰富的自然资源和人口集中居住地分离。在经济较发达的城市往往会在短时间内消耗大量的资源和产生大量生活垃圾，使得城市环境面临严峻考验。最后，我国生态功能脆弱。即使在人口稀少的西部边远地区，青藏高原或者内蒙古草原由于其先天生态功能十分脆弱，环境自我修复能力弱，微小的经济或者消费活动也可能对当地造成严重且持久的环境影响。随着居民消费快速发展，我国环境承载力将面临持续供容有限、资源分布不均和生态功能脆弱三重挑战，势必影响其对绿色消费发展的支撑作用。

第二节
思想演进

回溯历史，自然环境始终是人类一切物质文明和精神文明的基础，人类在利用和改造自然的过程中总结出了一系列人与自然相处的有益经验，这些经验为科学有效地缓解人类生存发展需求和生态环境保护之间的压力提供了依据。中西方绿色消费的思想也是在这样的背景下被创造提出并不断发展壮大的。一方面，随着资本主义发展和工业革命的开始，人类开始大量消费自然资源，造成日益严峻的环境问题，西方经济学中有关绿色消费的新理论新思想开始涌现，并随着西方经济学发展逐渐受到重视；另一方面，在中国古代虽然没有直接形成绿色消费思想，但中国凭借其相对独立的生态环境条件和劳动人民长期改造自然、适应自然获得的经验，创造了许多与绿色消费相关的思想内容，对当前我国生态文明建设具有重要参考意义。沿着西方和中国两条主要脉络来审视绿色消费思想，可以进一步解读中西方绿色消费思想的演进规律。因此，开展绿色消费思想研究，总结中西方绿色消费思想的演进历程及主要特点，分析中西方绿色消费思想演进有何共同点和区别，为深度挖掘中西方绿色消费发展一般规律，解决当前经济发展和环境保护之间的矛盾提供了来自消费端的思路和经验，还对贯彻落实绿色发展理念、加强生态文明建设具有重要的理论和现实意义。本节关于绿色消费思想演进框架如图 4-3 所示。

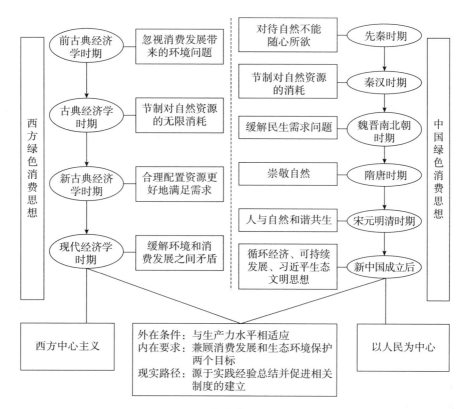

图 4-3 绿色消费思想演进框架

一、西方绿色消费思想演进

回顾西方经济思想的演化历史，经济学研究经历了从前古典经济学时期过渡到古典经济学时期和新古典经济学时期，再到现代经济学时期的理论发展脉络。从中溯源人与自然、自然与经济发展的关系可以发现，新古典经济学及之前的经济学家往往认为消费主要受制于资源水平，忽视了经济发展造成的环境污染问题，如何采取经济措施改善环境污染等议题直到现代经济学时期才被正式考虑。

（1）前古典经济学时期：忽视了消费发展带来的环境问题

前古典经济学时期的学者对环境的关注始于对自然资源，尤其是土地资源的重视，忽视了消费发展带来的环境问题。古希腊时期，社会生产力水平不高，人们的生活受自然环境的影响很大，尤其是自然地理环境对于人们获取生产生活所需的主要农作物和各种资源有着决定性的作用。虽然亚里士多德学说中不存在"环境""生态"相关论述，认为人们的需要是有限的，但是欲望无限，为了满足无限欲望的商品（如食物）是不正常的。亚里士多德认为，可以通过减少消费来解决稀缺性问题，本质上其所关心的仍然是个体行为的欲望是否服从理智能力的管束。

重商主义学派产生并流行于 15～17 世纪中叶的西欧，彼时西欧资本主义生产关系开始萌芽和成长，航海扩大了市场，推动了对外贸易的发展，进而刺激了工商业发展。重商主义学派认为，通过维持低水平消费和高水平生产，并增加出口，财富将会增加。此外，重商主义学派特别喜好金银货币，鼓励开采贵金属矿藏，这也是一种对自然资源的消耗。法国重农主义学派产生于 18 世纪 50～70 年代，当时正在实行的重商主义政策和封建剥削严重破坏了农村经济。重农学说的理论基础是"自然秩序"论，其认为自然界和人类社会存在的客观规律是"自然秩序"，只有适应自然秩序，社会才能健康发展，说明其已经认识到人类社会与自然界之间存在某种相互作用的关系。重农学派明确提出只有土地才能生产"净产品"，说明重农学派已经意识到自然资源是生产投入要素的观点，但其对自然资源作为生产要素的认知还不全面。

（2）古典经济学时期：意识到节制对自然资源的无限消耗

古典经济学时期的经济学家意识到了自然资源的稀缺程度会影响人们需求满足，主要讨论了包括土地和矿产资源在内的自然资源对满足人们需求的影响。工业革命使得英国工业效率大幅提升，英国企业逐渐壮大，不再依赖政府给予的补贴、特权、关税保护。资本主义性质的纺织、采煤、冶金、造船、造纸等行业迅速发展，英国的对外贸易迅速扩大，并在印度和美洲夺得了大批殖民地，为其继续发展工商业提供了大量自然资源。自由放任的政策使人们开始意识到自然资源的重要性，为了保证英国资本主义生产方式继续发展，经济学家们认为要节制人对自然资源的无限消耗。洛克指出，自然法在赋予人类私有权的同时也对权力加以限制，人类只能享用一定量而不是无限量的资源，且私有权的运用不能妨碍他人的基本生存。亚当·斯密依靠"公正的旁观者"和"政府"有效缓解了个人利益和社会公共利益之间的矛盾，利己和自由市场则可以引申出环境保护的观点，即不伤害他人的原则，包括不伤害他人的身体健康，这就意味着必须对伤害他人身体健康的污染现象进行控制（蔡华杰，2018）。从马尔萨斯开始，西方经济学者逐渐意识到资源承载力和环境容量将会约束经济增长。他们认为，人口以指数型无限增长，而自然资源的数量是有限的，人口增长带来的需求会耗竭生态环境所能提供的生产资料。李嘉图发现，资本主义经济发展的规律即土地收益递减规律，而人类生产生活最基本的自然资源就是土地和水资源，因此，他支持对于土地和水资源的节约使用。

马克思长期居住在世界工业革命的发源地英国，同时英国工业发展也造成了严重生态危机，引起了马克思的高度重视。马克思认为，由于资本主义商品经济的发展，资本家以追求剩余价值为目的，自然生态系统作为生产要素更多地被投入到了社会生产和再生产过程当中。对于消费与自然的发展关系，马克思曾指出，"像野蛮人为了满足自己的需要，为了维持和再生产自己的生命，必须与自然进行斗争一样，文明人也必须这样做"。他认为，随着人类需要的增加，虽然基于科学技术发展的机器大生产可以对自然资源进行肆意开发和利用，进而对自然造成破坏，但也可以利用科学技术对自然环境进行改良，从而节约"自然力"。这种思想与后来的绿色发展理念相契合，体现了马克思主义政治经济学在生态环境保护方面的前瞻性。

（3）新古典经济学时期：关注合理配置资源更好地满足人们需求

新古典经济学认为，市场价格是由供给和需求所决定的，所以消费发展引起的生态环境问题也可以通过价格和产权来调节。19世纪末，资本主义国家兴起了第二次工业革命，新技术的应用带来更多新产品和生产效率的提高，需求和产量的增加引发工业领域的变革。新古典经济学时期，经济学家更加关注在资源稀缺和数量既定的前提下，如何通过价格或者产权合理配置资源达到帕累托最优状态，以此更好地满足人们需求。新古典经济学虽然没有直接谈到绿色消费，但其对于可持续发展持乐观态度，谈到了如何在资源有限的情况下更好地满足人们的需求。马歇尔开始关注资源与经济社会发展的关系，强调可以改变土壤性质的力量，他相信人类依靠机械和化学方法，可以"把土壤肥力置于人类的控制之下"。这一时期的资源比古典经济学时期资源的内涵有了拓展，马歇尔认为，在人口稠密的地方获得新鲜水、阳光、空气的困难更大。然而，有必要注意到新古典经济学过于关注高效率的资源配置，忽视了消费领域的公平分配和环境问题。

凡勃仑分析"有闲阶级"时指出，奢侈性消费是其特征之一，他认为在社会制度和社会心理的作用下，人们的消费会越来越奢侈，越来越超出自身实际需要，造成浪费。由此可见，凡勃仑对于奢侈性消费的批评与当前绿色消费有着密切的内在联系，但这一思想彼时并未在西方社会产生太大影响，随着消费过程引起的环境保护、资源节约等问题也未能得到足够重视。

(4)现代经济学时期：逐渐认识到要缓解环境和消费发展之间的矛盾

现代经济学时期，人类面临的日益严峻的生存现状警示自然资源和生态环境对人类的影响不仅作用于经济产出，还影响区际和代际的可持续发展。因此，很多学者都提出了各自关于环境与消费发展的见解，以及两者之间的矛盾性。20世纪20年代，由于自然资源充裕和技术进步带来劳动生产率提高，投资不断扩大，美国经济经历繁荣期，但从1929年开始，消费品市场消化不了增产的商品，引起投资大幅减少，从而导致失业率上升和消费下降。在这一背景下，凯恩斯主义的有效需求不足论的宏观干预思想基于资源可以永续开采使用这一假定，其完全抛弃了节俭、储蓄的美德，偏执地崇尚和鼓励消费，更加剧了资源环境的不可持续性。大萧条过后，发达国家经历了美国洛杉矶的光化学烟雾事件、英国伦敦烟雾事件等严重的环境污染事件，经济学家开始关注如何在采取经济措施缓解环境污染问题的同时，又满足人们不断增长的需求。萨缪尔森指出，个人节俭和社会经济之间存在矛盾，节俭方式应该由社会经济发展水平而定。他认为，地球的生态环境是公共品，理应制定一个可持续的发展战略，既不能因为只顾满足自身需求而形成掠夺性消费，也不能过度保护资源导致现有需求难以满足，应在代际之间寻求代际权利与义务的公平分配。

20世纪70年代，西方国家出现了高通货膨胀率和高失业率并存的滞胀现象。赫尔曼·戴利等西方经济学家也对凯恩斯主义无节制增长的观点提出了质疑，认为不能放任消费需求的无限满足。赫尔曼·戴利认为，人的需求分为绝对需求和相对需求，前者指维持人生存的基本需要，这种需要是有限的，后者指那种满足以后能够使人感觉到高人一等的需要(主要是一种心理需要)，这种需求是无限的。他认为，单纯的经济增长不仅不能解决资源的所有稀缺性问题，还会带来严重生态环境问题，因此需要用稳态经济思想保证既不超越生态系统的承载能力，又能够满足当代及后代的最大生存发展需要。

20 世纪 70 年代以后，人们开始提出现代经济学意义上的绿色消费概念，并不断加深对绿色消费的认识。20 世纪 70 年代，绿色消费概念在美国被提出，当时被认为只是包含环境问题的"社会营销"概念的一种扩展（Peattie，2010）。20 世纪 80 年代后期，由于环境公害事件频发，绿色消费获得更多消费者关注，人们发现绿色消费行为与消费者的态度、动机、心理以及制度因素有关，是一个复杂的行为过程。进入 20 世纪 90 年代，消费者更关注日常消费行为的环境效应。绿色消费不再局限于购买绿色产品，而是包括在购买、使用或处置产品的消费全过程的行为对环境的影响，不仅要求对生态环境影响小，而且还要考虑子孙后代的利益。近年来，随着应对气候变化的《京都议定书》《巴黎协定》的签署，人们对绿色消费思想内涵的阐述又包含了降低消费过程中碳排放的要求。

二、中国绿色消费思想演进

在中国古代经济思想和文化里，虽没有形成直接反映绿色消费的思想体系，但中国古代各时期的很多论述和思想都说明了如何正确处理人的需求满足与自然发展之间的关系，这一点正好契合了绿色消费追求可持续发展的内在要求。新时代绿色消费思想不断被赋予更多新内涵和新理念，并在习近平生态文明思想中得到了集中体现。总体来说，中国古代绿色消费思想更多强调权衡人的消费需求满足和生态环境保护之间的关系，新时代绿色消费思想则认为生态环境保护和人们更高水平消费需求满足是内在统一、相互促进的。

（1）先秦时期：对待自然不能随心所欲

先秦时期流传下来了诸多思想流派，彼时各思想流派率先对人与自然的关系有了初步认知，认为人对待自然不能随心所欲。先秦时期社会生产力水平低，人们在改造自然、利用自然的过程中发现要顺应自然，否则人类生存需求难以满足。儒家思想要求"中道和谐"，孟子曰："不违农时，谷不可胜食也；数罟不入洿池，鱼鳖不可胜食也；斧斤以时入山林，材木不可胜用也"（《孟子·梁惠王上》）。意味着在向自然索取和消耗自然资源的时候要遵守时令，不能违背自然规律。道家主张"天人合一"，强调人只是自然的一部分，认为人和自然、宇宙是相互依存、相互贯通的。"以道观之，物无贵贱；以物观之，自贵而相贱"（《庄子·秋水》），道家反省人与自然的关系地位，认为人不能高于自然界。法家尊重自然规律和强调生态平衡。"人民鸟兽草木之生物，虽不甚多，皆均有焉，而未尝变也，谓之则"（《管子·七法》），说明其知晓自然界生物在数量和结构上存在一定的规律，不能人为破坏其规律。

（2）秦汉时期：节制人对自然资源的消耗

秦汉时期逐步通过制定法令来节制人对自然资源的无限消耗。秦汉时期是中国历史上第一个强盛时期，社会治理体系较为严苛，且这一时期重农抑商，因此颁布了一系列有关农林牧渔业的生态环境保护法令，反映了彼时对于人与自然关系的科学认识。云梦秦简《田律》证实了中国是世界上最早对生态保护进行立法的国家。《田律》对自然界中动植物的砍伐、采摘、渔猎规格和时间都作了详细规定，"春二月，毋敢伐树木山林……不复月，毋敢业草为灰，取生荔，麛[卵]鷇，毋……毒鱼鳖，置阱罔，到七月而纵之"。汉代通过制定法令保护山林川泽及其生物资源为人们适度利用。"故先王之法，畋不掩群，不取麛夭。不涸泽而渔，不焚林而猎。豺未祭兽，罝罦不得布于野；獭未祭鱼，网罟不得入于水；鹰隼未挚，罗网不得张于溪谷；草木未落，斤斧不得入山林；昆虫未蛰，不得以火烧田。孕育不得杀，鷇卵不得探，鱼不长尺不得取，彘不期年不得食。是故草木之发若蒸气，禽兽之归若流泉，飞鸟之归若烟云，有所以致之也"（《淮南子·主术训》）。从这些法令可以看出，当时统治阶级明白要保护生态环境和动植物资源，但并不是完全禁止采摘渔猎，而是认为通过合理规划节制人们对于自然资源的过度消耗，保证自然资源可再生。

（3）魏晋南北朝时期：缓解民生需求问题

魏晋南北朝时期是我国古代封建社会上第一次产生国家分裂和民族融合，长期的战争和自然灾害使北方黄河流域的经济遭到严重破坏，也导致生态的破坏和环境质量的下降。这一时期绿色消费相关思想实际上较多地与民生等问题相联系，目的就是通过绿色的生产生活方式更好地解决民生问题。魏晋南北朝时期彰显绿色生产生活的思想开始在上至君臣、下至百姓的更大范围内被社会接受。由于先秦、秦汉时期厚葬之风严重消耗木材、破坏环境，魏晋南北朝时期，部分帝王率先垂范，提倡薄葬，减轻民生压力。例如，魏文帝要求自身后事一切从简、杜绝奢侈浪费，"为棺椁足以朽骨，衣衾足以朽肉而已"（《魏书·文帝纪》）。同时期官吏贯彻落实体现出绿色生产生活思想的政策诏令，《三国志·卷十六》记载东汉郑浑任山阳、魏郡太守时，"以郡下百姓苦乏材木，乃课树榆为篱，并益树五果，榆皆成藩，五果丰实。入魏郡界，村落齐整如一，民得财足用饶"，说明当时官吏鼓励人们通过植树造林获得生活所需的木材和果实，营造更好的生活环境，满足更好生活需求。该时期民众大量从事农桑，《齐民要术》记载了很多农业生产中土壤轮耕、间作套种、耕耨结合、作物轮作复种、合理施肥以及农、林、牧、副、渔多业互补的农业生态系统的内容，表现出农业生产生态化、科学化水平，通过发展农业解决民生需求问题。

（4）隋唐时期：崇敬自然

隋唐时期国家统一社会稳定，尤其唐朝经济空前繁荣，统治者希望通过机构和法令等制度的完善来更好地管理人们对于自然资源的消耗，同时，也只有在优良的经济基础上，人们才会乐于通过各种文化载体表达对于自然的崇敬。一方面，唐朝设立虞部、都水监等专门机构，主要负责针对农林牧渔资源的有序采摘猎捕和执行禁令。唐玄宗严肃惩治皇宫中的奢靡之风，下令宫中禁用鸟羽兽毛制作衣饰等物品，有力制止了滥捕奇鸟异兽的风气，保护了动物资源。另一方面，唐代的诗歌体现了人们对生态自然环境的崇敬之情。唐代诗歌描绘了自然之美，如韦应物的《滁州西涧》和王维的《辛夷坞》，描绘的都是自然之美景。唐代诗歌还宣扬人要亲近自然。例如，李白的"相看两不厌，只有敬亭山"（《独坐敬亭山》）和孟浩然的"旷野天低树，江清月近人"（《宿建德江》），都体现了人亲近自然带来的美感，更反映了人们对于自然环境认识水平的提升。隋唐时期人们对于自然的崇敬之情，对于后世人们在满足自身需求过程中强调节约资源、保护环境意识的形成有重要影响。

（5）宋元明清时期：人与自然和谐共生

宋代商业贸易空前繁荣，人们越来越重视生产生活资料的流通和消费。清朝时期人口的快速增加带来消费的快速增长，进而导致对于自然资源的过快消耗和对环境的破坏。张载的"民胞物与"（欧阳澜和汪树东，2018）思想为我们提供了解决消费扩大和环境保护之间矛盾的思路。张载视"天人合一"为人与自然和谐相处的最高境界，认为人类与自然万物是一气相通的，并非相互对立，万物与我们同处天地之间，人与自然应当和谐共生。但彼时认知有限，封建社会始终没有找到兼顾满足人类需求扩大和生态环境保护两个目标的思想理论，大多强调通过制约人的行为来降低对自然资源的消耗和生态环境的影响。

（6）中华人民共和国成立后：循环经济、可持续发展、习近平生态文明思想

中华人民共和国成立初期，中国共产党和广大人民群众继承了中国古代绿色消费相关思想和马克思主义生态观，提出了一些与绿色消费相关的经验总结。中华人民共和国成立初期，发展经济是当时的首要任务，对绿色消费的关注较少，但毛泽东也曾提出了不少具有绿色消费内涵的观点，如"要充分利用各种废物，如废水、废液、废气"（中共中央文献研究室，2013）。当时，由于人均收入水平低，老百姓常常循环利用衣物、生活器具等各种生活物资，其中就蕴含着循环经济的思想。改革开放以后，我国经济水平和科技实力都有显著提升，邓小平认为，科技教育对居民消费有重要作用，"解决农村能源，保护生态环境等等，都要靠科学"（中共中央文献研究室，2004）。江泽民在党的十五大报告中提出"要十分重视生态建设和环境保护，经过长期努力，使我国青山常在，绿水长流，资源永续利用"。邓小平和江泽民的讲话都体现了可持续发展思想，其关键就是实现经济社会和人口资源环境的协调发展。进入21世纪，人们对于提升生活水平和保护生态环境的诉求提高。2004年5月，胡锦涛在江苏考察时曾提出"坚持走生产发展、生活富裕、生态良好的文明发展道路"，并将其与构建资源节约型和环境友好型社会相联系，认为经济发展和生态环境两手都要抓，最终目标是为人民群众创造良好生产生活环境。由此，循环经济、可持续发展等思想也在我国消费端被接受并付诸实践，消费发展与环境保护之间的协调性得到了显著改善。

党的十八大以来，习近平生态文明思想对于绿色消费的认识进一步打破了消费发展和生态环境保护之间的对立。新时代，中国实现了全面建成小康社会目标，消费发展迈入高质量发展阶段。习近平总书记提出的"绿水青山就是金山银山"等一系列富有原创性、彰显中国特色的标识性理论或话语，说明其意识到消费发展和生态保护两者是内在统一、相互促进的。基于这一思想，在实践中可以将自然资源视作资本，并由此推动社会在自然资源评估、核算、生态价值补偿等方面进行多种尝试，促进自然资源确权和生态环境补偿等制度的完善。深入理解消费发展和生态环境保护

之间的关系，符合中国新时期构建高质量现代化经济体系的客观要求，也是解决生态环境问题和人们消费需求增长之间矛盾的根本之策。此外，习近平生态文明思想对于指导绿色消费发展的经验是坚持系统治理的思维，既有对全局总体战略的整体谋划，又有对局部关键问题的精准把握。从党的十八大报告提出包含生态文明建设在内的"五位一体"总体布局，到党的十九大报告提出"建立健全绿色低碳循环发展的经济体系"，再到党的二十大"倡导绿色消费，推动形成绿色低碳的生产方式和生活方式"，既反映出对生态文明与经济社会发展关系认识的深化，也反映出对建立健全可持续发展经济体系的思考，更突出了从供需两端解决消费发展和环境保护之间矛盾的思路。

三、中西方绿色消费思想比较

中西方绿色消费思想的产生和发展必然受经济社会发展水平等外在条件影响，虽然发展的内在要求和现实路径相似，但在价值逻辑上又有一定区别。

（一）相同之处

第一，绿色消费思想与生产力水平相适应，这是中西方绿色消费思想发展的共同外在条件。当生产力水平较低时，西方没有特别留意绿色消费的重要意义，例如，前古典经济学时期的一些学者认为，通过牺牲部分生态环境满足人类发展的需要无可厚非，反而将生态环境损失看成是消费发展的必要条件。然而，随着西方经历工业革命，生产力水平快速提升，资本主义经济实现快速发展，同时也消耗了大量自然资源，这促使人们思考如何在市场中有效配置资源从而更好地满足人们的需求。同样，在中国生产力水平较低的时期，一般认为人的需求满足与自然生态环境保护之间是矛盾的，需要通过降低人消费的数量来实现自然生态环境保护。随着生产力水平不断提升，尤其中国改革开放以来消费快速增长，生态环境也不断优化，人们才逐步摒弃过去单纯通过制约人的行为来降低对自然资源消耗和生态环境影响的思想，进而意识到达到一定科学技术和生产力水平条件下，消费发展和生态环境保护之间的关系可能是内在统一、相互促进的。在这个变化过程中可以发现，绿色消费思想是一定经济社会发展水平下的产物，且始终与经济社会发展水平相适应。

第二，绿色消费思想试图兼顾消费发展和生态环境保护两个目标，这是中西方绿色消费思想发展的共同内在要求。不论中国还是西方都需要面对人口增长和人们生活水平提升带来的消费扩大等问题，也同样面临全球自然资源逐渐被消耗、环境受到污染等压力。起初，中西方都认为消费增长必然会带来环境的破坏和资源的消耗，两者是绝对对立的。随着人类在改造自然过程中对于人与自然关系认识的加深，发现了可能既有利于消费增长又有利于环境保护的消费新模式，从而衍生出绿色消费思想。例如，西方经济学家意识到虽然资源的稀缺性会影响消费需求的满足，但稳态经济思想认为在不超越生态系统承载能力的条件下可以满足当代及后代的最大生存发展需要。中国早在先秦时期的绿色消费思想和文化就强调不能放纵人对于自然的无限索取，之后中国古代绿色消费思想也认为可以通过节制人的需求、实现人与自然和谐共生来找到两者之间的平衡点。

第三，绿色消费思想源于实践经验总结进而促进相关制度的建立，这是中西方绿色消费思想发展的共同现实路径。中西方绿色消费思想起初都源于人们对生产生活实践的经验总结，如马尔萨斯对人口和消费、环境之间关系的考察，发现人口过快增长使得物质生活资料难以满足人们需求，造成资源的相对短缺。现代经济学家们则认为，资源的相对短缺不仅是由人口数量的过快增长导致的，还与人均资源消费量有关。当人均资源消费量过大时，人均资源消费量也会出现不足。因此，当面对全球生产生活二氧化碳排放量快速增加的环境问题时，世界各国通过制定《京都议定书》《哥本哈根协议》等一系列制度协议试图控制全球二氧化碳排放，将绿色消费思想提升到了制度层面。中国早在先秦时期就发现，人们在生产生活过程中消耗自然资源的时候要有节制，且要尊重自然万物生长时令，才能满足人们长期的消费需求，这样的早期绿色消费思想促进后来历朝历代有关环境保护法令的出台，如秦朝《田律》对动植物的砍伐、采摘、渔猎的规格和时间都作了详细规定，唐朝设立的虞部、都水监等专门机构可以有效管理农林牧渔资源的利用。中华人民共和国成立后更是出台了一系列保护生态环境、促进绿色消费的法律和规章制度，将现代绿色消费思想转化为制度要求，更好地促进绿色消费发展。

（二）不同之处

西方绿色消费思想秉持"西方中心主义"的价值立场，中国现代绿色消费思想遵循"以人民为中心"的价值逻辑。西方绿色消费思想常常打着降低碳排放等环境保护的旗号，实际上却秉持"西方中心主义"的价值立场。西方绿色消费思想要灌输的只是资本主义生态观和世界观，用所谓的"生态效益""企业的社会责任""市场机制"等治理话术，维护发达国家自身及其企业发展的优先权。西方绿色消费思想不是真正有利于人与自然和谐共生进而实现人的自由而全面发展的共享增长，也没有考虑全世界尤其是广大发展中国家人民的长远利益，而是妄图通过制定诸如污染排放指标等规则保证资本主义再生产的自然资源条件，在其制定的规则下必然导致世界格局两极分化，从而实现对发展中国家发展权力诉求的持续压制。

中国现代绿色消费思想所遵循的是"以人民为中心"的价值逻辑，是对西方绿色消费主义的扬弃与超越。当前，以"双碳"目标的提出为典型，习近平生态文明思想既具有促进新时期中国消费发展和环境保护的特殊性内涵，又具有引领全球环境治理的普世性含义。习近平总书记提出"人类命运共同体""人与自然生命共同体""地球生命共同体"等概念，是因为在全球发展和生态文明建设中，任何国家都无法置身事外和独善其身。以习近平生态文明思想为代表的中国现代绿色消费思想要求根据造成全球环境问题的历史维度和国家发展的现实维度，各国遵循"共同但有差别"的原则承担环境治理责任，防止经济发展和环境保护的话语权被少数发达国家垄断，要以平等协商的方式将全球可持续发展、生态环境保护和实现共同富裕等目标有机结合起来，充分体现"以人民为中心"的价值逻辑。

四、结论

通过对中西方绿色消费思想演进的梳理和总结，可以得出以下主要结论：

第一，中西方绿色消费思想发展大致都经历了节制人对自然资源的过度消耗→提倡资源高效利用→强调绿色消费科学认知三个阶段。西方古典经济学时期，马尔萨斯认为人口持续增长带来的需求会耗竭生态环境所能提供的生产资料，应减少人对于环境的影响；随着经济社会的发展，新古典经济学时期，马歇尔等关注资源与经济社会发展的关系，认为可以通过一定科技方法改变土壤性质实现资源高效利用；现代经济学时期，萨缪尔森则指出应制定一个可持续的发展战略，追求代际公平，满足后代消费需求。同样，中国早在先秦和秦汉时期就已经意识到人类生活需求的满足会给环境带来影响，并随之提出各种办法减少人类对于资源的消耗；毛泽东提出"要充分利用各种废物，如废水、废液、废气"，反映的就是以资源高效利用解决消费增长的思想；当代中国提出的循环经济、科学发展观、习近平生态文明思想则是不断完善全社会对绿色消费的科学认知水平，明确了消费发展和环境保护之间内在统一和相互促进的作用。

第二，绿色消费思想发展必然与当时的经济社会文化政治发展水平相适应。一方面，绿色消费思想的形成和发展是以经济和社会发展水平为基础的。在农耕时代，人们对绿色消费思想的认识源于农业生产生活的经验总结，意识到要根据时令采摘捕猎动植物，要有节制地消耗自然资源。当西方进入工业时代后，资本主义工商业快速发展，人们对绿色消费的认识就提升到要通过价格机制或者产权合理配置资源达到帕累托最优状态，以此更好满足人们需求。在现代社会，信息技术、大数据等高科技的快速发展，为更好地节约能源、提升消费质量提供了可能，由此诞生了一系列有利于环境保护的绿色消费新模式、新理念、新场景，是绿色消费思想发展与生产力水平发展相适应的又一应证。另一方面，绿色消费思想的形成和发展是以政治和文化发展水平为支撑的。在先秦时期和魏晋南北朝时期，中国社会不稳定，使得绿色消费思想更多是在民间生产生活过程中流传或者在思想家的论述中得到体现，如诸子百家关于人与自然关系的论述和《齐民要术》关于农业生产的经验总结。随着秦汉时期中国实现统一，统治阶级才有精力和能力通过制度和律法的方式贯彻落实绿色消费思想，如秦朝制定并执行了《田律》。在唐朝，中国经济空前强盛，文化发展也格外活跃和繁荣，由此在唐诗等文化载体中才可以感受到大量赞美自然、强调人与自然和谐相处的思想。

第三，中国绿色消费思想在吸收中西方不同时期正确绿色消费思想的过程中不断发展。现代中国循环经济、可持续发展、习近平生态文明思想都吸纳了中国古代人与自然和谐共生和西方绿色消费思想中的合理配置自然资源促进消费的内容。西方绿色消费思想强调的是以市场机制和清晰的产权制度、奖惩机制为基础，通过市场机制合理配置资源达到帕累托最优状态，从而更好地满足人们需求。同样地，习近平生态文明思想也倡导探索将生态环境优势转化为消费高质量发展的机制和条件，这要求尊重和发挥市场机制，通过自然资源确权、生态环境补偿、碳排放权交易等制度，引导生态环境资源成为促进消费高质量发展的新动能。

第四，中国现代绿色消费思想与西方绿色消费思想最大区别在于是否坚持以人民为中心。伴随全球化进程，消费带来的环境问题不再局限于某一国家或者某一地区，而是会影响全球的生态环境。西方绿色消费思想看似是"环境中心主义"，实际上却打着"西方中心主义"的算盘。西方国家绝不会为解决发展中国家的环境问题，将专利、技术无偿提供给发展中国家，而是靠专利和其教育体系培养的精英知识分子维持其在国际资本体系中攫取巨额利益的优势地位，不顾全世界尤其是广大发展中国家人民的发展权。以习近平生态文明思想为代表的绿色消费思想有关内容所遵循的是"以人民为中心"的价值逻辑，其尊重人民群众历史主体地位，发挥人民群众在绿色消费事业发展中的积极性，把人民群众对于生态环境和消费需求满足的满意程度看作是绿色消费发展水平的唯一标准。从全球范围来看，习近平总书记倡导的绿色消费，体现的是万物并育而不相害，道并行而不相悖的发展思路，强调的是维护全世界人民的共同长远利益，用平等协商的方式促进绿色消费发展成果造福全体人类的发展路径。

第三节
本章小结

首先，总结了绿色消费实践演进过程。第一，从国际绿色消费实践演进角度，将绿色消费发展依次划分为由环境问题驱动、以资源循环和高效利用为主、强调绿色消费科学认知三个阶段。第二，从我国绿色消费政策角度，指出我国绿色消费政策制定虽然起步较晚，但发展较快，受重视程度高。尤其是党的十八大以来，我国加快绿色消费发展，在绿色生产、垃圾分类等领域出台了一系列政策措施。第三，从行业政策经验角度，选取了汽车、冰箱和食品三个国际绿色消费行业典型，介绍了以上行业绿色消费改革取得的显著成效。第四，指出了我国绿色消费发展实践面临的新机遇：一是强大的国内市场刺激绿色消费，二是产业升级助力绿色消费，三是政策环境引领绿色消费；我国绿色消费事业也面临一些挑战：一是发展绿色消费的经济赋能不够，二是发展绿色消费的技术应用不足，三是发展绿色消费的环境承载力不强。

其次，总结了绿色消费思想演进历程。第一，梳理西方绿色消费思想演进历程，发现新古典经济学及之前的经济学家往往认为消费主要受制于资源水平，忽视了经济发展造成的环境污染问题，如何采取经济措施改善环境污染等议题直到现代经济学时期才被正式考虑。第二，梳理中国绿色消费思想演进历程，发现中国古代绿色消费思想更多强调权衡人的消费需求满足和生态环境保护之间的关系，新时代绿色消费思想则认为生态环境保护和人们更高水平消费需求满足是内在统一、相互促进的。第三，通过中西方绿色消费思想比较，发现中西方绿色消费思想的产生和发展必然受外在经济社会发展水平影响，且其发展内在要求和现实路径相似，但秉持的价值立场不同。

绿色消费指数测度

我国已进入消费需求持续增长、消费对经济拉动作用明显增强的关键发展阶段。近年来，消费已成为国民经济增长的第一驱动力。2023年，最终消费支出对国内生产总值增长的贡献率为82.5%。然而，消费的快速增长需要相应的资源、环境承载力。中国人口众多、自然资源禀赋不足、生态环境承载力有限，大气污染、水污染、生活垃圾处理等环境问题时常引发舆论关注。面对我国消费崛起和生态环境问题日益严峻这一矛盾，绿色消费逐渐受到欢迎。为维护我国社会繁荣稳定，满足人民日益增长的美好生活需要，绿色消费是新时代实现人、经济增长、生态环境多方协调发展的必然选择，是我国生态文明建设的重要内容和发展方向，也是建设美丽中国的必由之路。

如何更科学准确地评价我国绿色消费发展状况，比较分析全国绿色消费的动态演化规律，构建合理有效的绿色消费评价指标体系对于深化绿色消费相关研究和推动绿色消费实践意义重大。

第一节
理论来源

运用环境经济学理论平衡环境保护和经济增长之间的压力是环境经济学研究的基本内容。绿色消费与其他消费的一个关键区别在于其源自于地球生态环境和资源对人类生活的压力。可见，环境经济学理论与绿色消费两者内在协调统一。因此，用环境经济学基本理论研究绿色消费符合绿色消费是解决人类生活发展与地球生态环境资源冲突的有效消费方式这一本质特征。

环境经济学理论是绿色消费的重要支撑，决定了从环境经济学视角开展绿色消费研究必然涵盖经济发展和生态环境保护两个方面。首先，经济发展涉及供给和需求两端。从供给方来看，绿色消费既要求生产过程绿色，也要求产品和服务绿色；从需求方来看，绿色消费要求人们消费水平趋于绿色，还要求消费结构绿色。其次，生态环境保护涉及对环境的治理和维护两个维度。生态环境治理要求修复遭到破坏的生态环境，环境维护要求对现有的优良环境和资源进行保护。可见，刻画绿色消费理应包括供给方、需求方以及生态环境三个方面。

党的十八大报告指出，"要按照人口资源环境相均衡、经济社会生态效益相统一的原则，控制开发强度，调整空间结构，促进生产空间集约高效、生活空间宜居适度、生态空间山清水秀"，"生产、生活、生态"三个关键词被一同提出，强调了三者在平衡经济社会发展和自然环境保护间的重要性。从本质上来说，绿色消费涉及的供给方、需求方、生态环境正依次对应生产、生活、生态三个维度（见图5-1）。

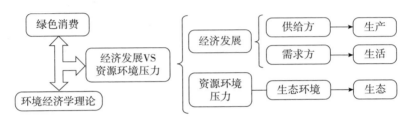

图5-1　绿色消费理论来源

第二节
内涵刻画

首先，绿色消费中的生产绿色包括生产过程绿色和产品及服务绿色。虽然不论是农业生产还是工业生产都会对环境带来一定的损害，但是在工农业生产过程中通过控制原材料的使用、加强废气废水废物的处理等方式可以有效减轻对生态环境的破坏，并通过加强生产精细化管理水平节约生产资料，实现绿色生产控制。绿色生产的实现主要体现在管理和技术手段上，实施工业、农业生产全过程污染控制。另外，过去的绿色产品指纯天然产品，现在的绿色产品涵盖范围更广，即使不是纯天然产品，也要求对环境和人体危害极小或者没有危害。然而，部分厂家为了追求利润，不顾公众安全，生产对人们身体健康或者环境有害的产品显然不符合绿色产品内涵的基本要求。更进一步地，随着人们对绿色生活品质追求的提升，绿色消费除了要求厂商生产提供的产品和服务是绿色无害的，最好还是有益身体健康的，这又赋予了绿色产品和服务更丰富的内涵。

其次，绿色消费的生活绿色包括居民消费水平适度和消费结构合理。数量往往是综合评价的基础，数量的多少可以反映某事物的基本水平。从消费水平来看，消费和绿色是天然的矛盾体，往往消费数量越少对环境的影响越小，相应地就越绿色，反之亦然。而生活消费数量的多少由于量纲不同，很难直接衡量测算，但生活消费数量的多少往往可以由能源消耗量得到较好体现，因为生活能源消费数量是反映消费水平的重要依据。此外，结构与水平往往相依相存，结构相较于水平"量"的维度更能反映事物的"质"。从消费结构来看，传统消费能耗高、环境污染严重，绿色低碳消费比重越高则反映出居民生活方式越绿色。不同类别的绿色消费丰富程度也是反映消费结构的重要方面，一般来说，绿色消费门类丰富绿色消费结构越优，绿色消费门类越单一说明消费结构欠佳，绿色消费整体状况可能容易受到影响或者极易改变。

最后，绿色消费的生态绿色包括生态环境优良和生态环境的有效维护。消费环境是消费三要素之一，绿色消费的生态绿色主要包括环境的两个方面。一方面，绿色消费对生态环境有着较高要求，优良的自然环境是发展绿色消费的目的之一。只有在优质的环境中，人们生活的品质才能得以保障，才有助于身心保持愉悦，更好地释放消费潜力，让消费和环境之间形成良性互动。另一方面，绿色消费要求加强环境维护，不仅要求当前生态环境的优良，还需具备可持续性。由于环境在人们生产生活过程中不可避免地受到了影响，一般意义的环境维护可能难以解决历史遗留问题，只有通过加大治理力度和科学治理才可能有效遏制环境恶化的趋势，及时处理过去经济发展过程中对环境的"欠账"，持续发挥自然资源的生态价值。

第三节
指标体系构建与测度

一、指标体系构建

（一）现有指标及不足

目前，已有的绿色消费评价指标体系还很少，大多为可持续消费指数、生态消费指数、城乡居民可持续消费指数、绿色经济发展指数等。

从可持续消费角度来看，常见的可持续消费评价指标体系主要有两个：一是经济合作与发展组织（OECD）建立的可持续消费指标框架，主要包括具有环境意义的消费趋势与消费模式、和环境的相互作用、经济与政策三部分；二是联合国可持续发展委员会（UNCSD）提出的消费和生产方式变化核心指标体系，涵盖出行、消费品与服务、建筑与家政、食品、娱乐五个方面（李霞等，2014）。但这两个指标体系并不完全符合我国实际情况，例如，UNSCD可持续消费评价指标体系是针对绿色消费客体来构建的，即绿色消费产品和服务本身，对自然环境、生产环节等绿色消费的重要维度并未涉及。OECD建立的可持续消费指标框架中包含"商品所有权"，这在我国可能并不是衡量绿色消费发展状况的指标，其"商品使用寿命""暴露于噪声的人口数"等指标在实际生活中也难以获得。又如，OECD的指标体系涉及家庭结构和人口规模，在我国长期计划生育政策下，家庭平均人数也难以成为衡量可持续消费水平的有效指标。OECD指标体系更强调消费的可持续性，涉及面相对更广，不仅包括生态环境方面，还涵盖了消费在GDP中的比重、储蓄率等用了表征消费或者经济发展一般趋势的指标。

从生态消费角度来看，倪琳等（2015）构建了两种生态消费发展指数指标体系：一是包括消费水平适度、消费方式健康、消费结构合理、消费环境和谐、消费规模增长五个维度的生态消费发展指数评价指标体系，但具体指标选取值得商榷，例如，用城乡居民消费水平和恩格尔系数大小分别表征生态消费水平和结构，并不是十分贴切生态消费这一主题。二是依据生态消费的基本内涵与构成要义，确定我国的生态消费发展状况指标体系框架由可持续消费、资源能源节约、经济发展与社会和谐、生态安全与环境友好四个维度构成，但其具体指标涵盖了人均GDP，人均耕地面积、消费价格指数等，值得商榷。

从城乡角度来看，于淑波和王露（2015）从消费经济子系统、消费环境子系统和消费社会子系统三个维度提出城镇居民可持续消费的评价指标体系；蓝震森和冉光和（2017）提出从农村消费经济系统、环境系统和社会系统三个方面建立农村居民可持续消费增长潜力的评价指标体系。这两个指标体系只能反映城镇或者乡村的某一方面，且主要测度的是可持续性消费。

从绿色经济发展角度来看，向书坚和郑瑞坤（2013）对中国绿色生产指数、生态健康指数和绿色消费指数进行测算得出我国绿色经济发展指数，其中绿色消费指数包括消费水平、结构及效果三项。该指数主要针对绿色经济发展，包括生产、消费与生态三个方面，绿色消费的针对性不强。

在借鉴国内外具有代表性的可持续消费、生态消费、绿色经济评价指标体系研究成果的基础上，根据环境经济学理论分析，从生产、生活、生态三个维度构建我国绿色消费评价指标体系，对 2000~2021 年我国绿色消费指数和三个子系统指数进行测度。

（二）"生产—生活—生态"三维体系的构建

（1）绿色消费生产子系统

绿色消费生产子系统包括厂商生产过程、生产的商品及服务两个维度。一方面，能源是生产的动力来源，能源消耗后产生的废水、废物、废气对于生产的绿色化水平影响显著。使用绿色、无公害、养护型的新能源或者太阳能、核能、风能、海洋能、地热能、潮汐能、生物质能等可再生新能源进行生产是保障绿色生产的有效途径。因此，本书使用清洁能源消费量占比[①]作为生产子系统下生产过程维度的三级指标之一。另一方面，绿色消费生产还要求生产过程中采用先进技术设备减少环境污染和资源能源消耗，降低生产过程中废弃物排放。因此，本书用单位耕地灌溉面积农用化肥施用量[②]指标来衡量农业生产过程中使用对环境有影响物质的数量，用单位 $GDPSO_2$ 排放[③]指标衡量工业生产过程中污染物的排放水平。

绿色消费生产子系统要求生产的产品及服务绿色。这既包括人们消费的实物性商品，如绿色食品、有机食品等，还包括服务性商品，如公共交通服务等可以消费的绿色低能耗的公共服务。考虑我国特有的城乡二元结构，因城镇和农村在经济、社会、习惯等方面诸多条件不同，城镇居民和农村居民消费的绿色商品和服务不能一概而论，指标体系要充分体现城镇和农村居民消费的差异特点。因此，本书在商品服务维度下构建了有效使用绿色食品标志的产品总数[④]、农村太阳能热水器面积、城市每万人拥有

---

①　资料来源：历年《中国能源统计年鉴》，采用发电煤耗计算法。
②　资料来源：历年《中国统计年鉴》，经笔者计算得出。
③　资料来源：历年《中国环境统计年鉴》。
④　资料来源：历年《绿色食品统计年报》。

的公交车数量①三个三级指标。

（2）绿色消费生活子系统

绿色消费生活子系统包括居民消费水平和消费结构两个维度。能源消费水平是绿色消费水平的最重要指标之一，绿色消费生活子系统必然要求能耗消费水平低。能源消费水平是衡量绿色消费发展状况的最基本最直观的维度，能源消耗必然对环境产生影响，只是影响程度有所差异，人均能耗过高显然难说绿色消费发展良好，因此本书用人均生活能源消费量②作为绿色消费生活子系统中绿色消费水平维度下的三级指标之一。同时，能源消费水平也与消耗的能源类型有关，传统的煤炭、汽油等能源相较于清洁能源往往效率更低、对环境污染更重，同等效用下相应能耗更高。根据我国能源消费长期结构，煤炭和汽油是我国能源消费最主要的两大来源③，因此将单位GDP生活消费行业煤炭消费、单位GDP生活消费行业汽油消费④作为我国消费水平另外两个三级指标较为合适。

绿色消费生活子系统还要求消费结构合理。从绿色消费结构来说，各类保护环境、节约资源、促进人的全面发展的消费占总消费的比重应该越高越好。教育培训消费、旅游消费和文化艺术演出消费是近年来快速增长的消费类型，一般来说，其对环境影响较小，能源消耗较低，且有利于人们的身心健康，属于发展型、享受型等较高层次的消费，符合绿色消费的一般特点，也是反映绿色消费科学内涵的重要内容，其在消费中占比越高，越可以反映出我国绿色消费结构更优。因此，将国内旅游收入占GDP比重、艺术表演团体国内演出观众人次⑤、高等教育在学规模⑥作为消费结构维度下的三个三级指标。

（3）绿色消费生态子系统

绿色消费生态子系统包括生态环境和环境维护两个维度。绿色消费生态子系统要求生态环境优良。为较全面刻画生态环境，本书用自然保护区

---

①②⑤　资料来源：历年《中国统计年鉴》。

③　注：依据《中国能源统计年鉴》煤炭、石油是我国最大两类能源消费品类，而石油包括原油、汽油、煤油、柴油、燃料油等几类，其中汽油在生活消费行业使用量最大。

④　资料来源：历年《中国能源统计年鉴》，经笔者计算得到。

⑥　资料来源：历年《教育发展统计公报》，包括研究生、普通本专科、成人本专科、网络本专科、高等教育自学考试本专科等各种形式的高等教育在学人数。

面积和建成区绿化覆盖率[①]两项三级指标来分别衡量田野自然环境和城市环境保护两方面情况。此外，生态环境优良除了要求地面环境优良，还要求空气质量良好，尤其是人口聚集的重点城市，空气质量问题常常引发社会关注，因此本书用省会城市和直辖市空气质量达到及好于二级的平均天数[②]这一指标来表征生态环境状况。

绿色消费生态子系统要求环境维护有效。绿色消费生态子系统要求从多方面对良好的生态环境进行有效治理和维护。一是要注重水体质量的维护，尤其是城镇由于人口和工业集聚，耗水量大，污染重，生产生活产生的废水理应进行污水处理。因此，本书用城市污水处理率作为环境维护维度的指标之一。二是要重视城市生活垃圾处理，大量的城市生活垃圾是城市发展运行过程中不可避免的问题，为了使垃圾不与城市居民生活抢空间，对城市生活垃圾进行无害化处理已成为社会共识。因此，本书用城市生活无害化垃圾处理率来作为环境维护维度的另一具体指标。三是要加强环境污染治理，由于环境保护往往是政府主导型行为，环境维护理应包含针对生态环境问题的政府投入强度指标。因此，本书将环境污染治理投资占 GDP 的比重[③]设定为衡量环境维护水平的指标。

（三）数据来源与指标处理

进入 21 世纪以来，我国居民对绿色消费的关注日益增强，对此，我国政府出台了一系列有关绿色消费的政策举措，绿色消费事业得到前所未有的关注，故样本期选取 2000～2018 年共计 19 个连续年度。本书中绿色消费各级指标数据均来自于历年《中国统计年鉴》《中国环境统计年鉴》《中国能源统计年鉴》《绿色食品统计年报》，由于数据可得性与可比性问题，中国台湾地区、中国香港、中国澳门不包括在研究之内。

因为绿色消费指标体系中各具体指标之间存在不可公度性，需对原始数据做一定的变换与处理。第一，将各指标分为正向和负向指标两类分别处理。正、负向指标分别经过不同处理可以保证各指标对绿色消费指数同方向施加作用力，具体正向、负向指标情况如表 5-1 所示。第二，无量纲化处理各指标。绿色消费的各项具体指标量纲和数量级差距较大，为避免

---

①③　资料来源：历年《中国统计年鉴》。
②　资料来源：历年《中国环境统计年鉴》。

主成分过于偏重于具有较大方差或数量级的指标，需采用改进的功效系数法对各指标数值做无量纲化处理[见式（5-1）]，主要思想就是通过对原始数据的线性变换将其值域标准化转化到［50，100］的区间上。为克服不同指标类型对计算结果的影响，根据其类型分别处理，对个别缺失数据采用类推法进行了估算。

$$y_{ij} = 50+50\times\frac{x_{ij}-x_{ib}}{x_{iy}-x_{ib}} \qquad (5-1)$$

其中，x_{ij} 表示第 i 年第 j 项指标；x_{ib} 表示第 j 项指标的不允许值；x_{iy} 表示第 j 项指标的满意值；y_{ij} 是经过无量纲化处理后的数据。正向指标的不允许值为最低值，满意值为最高值；逆向指标的不允许值为最高值，满意值为最低值。

（四）各指标权重的确定

绿色消费评价指标体系中不同因素对其所属维度的重要性程度不尽相同，因此要对各个因素赋予相应科学合理的权重。一般有两类赋权方法：一类是专家打分法、层次分析法和模糊分析法等主观赋权法；另一类是熵值法、因子分析法和主成分分析法等客观赋权法。在数学中，熵表示情况或者问题的不确定性。获得熵意味着信息的丢失，熵越大则一个系统中各元素的有序程度越低，所含的信息量就越小，反之亦然。决策者的决策精度和可靠性往往由其决策时拥有信息的丰富程度决定，熵正是在决策过程或方案效果评价时的一个理想尺度（彭云辉和沈曦，2011）。熵值法的客观性体现在数据的相对变化程度决定其对整个体系的影响程度，相对变化程度越大则其大幅度变化过程中信息贡献程度越高，相应权重也更大。在极端情况下，如果一个体系内的数据都没有任何变化，则很难从中提取到有用信息，权重为零。熵值法能够在一定程度上避免由于人为因素对于绿色消费各指标权重做主观判断的缺陷，使得计算结果科学合理且可重复性强，所以本书采用熵值法计算得到绿色消费指数指标体系中各指标权重。

（1）计算指标的熵值

在 m 个年份和 n 个具体指标的评价问题中，第 j 项评价指标的熵值 H 定义为：

$$H_j = -k \sum_{i=1}^{m} f_{ij} \ln f_{ij} \qquad (j=1, 2, \cdots, n) \qquad (5-2)$$

式中，$f_{ij} = \dfrac{y_{ij}}{\sum\limits_{i=1}^{m} y_{ij}}$（$i=1, 2, 3\cdots, m$），$k = \dfrac{1}{\ln m}$

并假设当 $f_{ij}=0$ 时，$f_{ij} \ln f_{ij}=0$。熵值越小说明该指标向决策者提供了越有用的信息。

（2）计算评价指标的熵权

在 (m, n) 评价问题中，第 j 个指标的熵权定义为：

$$w(j) = \dfrac{1-H(j)}{n - \sum\limits_{j=1}^{n} H(j)} \qquad (5-3)$$

其中，$d_j = 1-H(j)$ 为第 j 项指标的差异系数，对差异系数进行归一化处理，计算第 j 项指标的权重 $w(j) = \dfrac{d_j}{\sum\limits_{j=1}^{n} d_j}$，其代表在给定评价对象集后各评价指标值确定的情况下某项指标在竞争意义上的相对激烈程度，也指提供有用信息的程度，从而得出该指标体系各个维度下具体指标的权重如表 5-1 中括号所示。

表 5-1　绿色消费指数指标体系

总指数	子系统	二级指标	三级指标	方向
绿色消费指数（1.000）	绿色消费生产子系统（0.336）	生产过程（0.191）	单位 GDPSO$_2$ 排放（0.057）	负向
			清洁能源消费量占比（0.070）	正向
			单位耕地灌溉面积农用化肥使用量（0.064）	负向
		商品服务（0.145）	有效使用绿色食品标志的产品总数（0.051）	正向
			农村太阳能热水器面积（0.049）	正向
			城市每万人拥有的公交车数量（0.046）	正向
	绿色消费生活子系统（0.381）	消费水平（0.226）	人均生活用能源消费量（0.166）	负向
			单位 GDP 生活消费行业煤炭消费（0.007）	负向
			单位 GDP 生活消费行业汽油消费（0.053）	负向
		消费结构（0.155）	高等教育在学规模（0.049）	正向
			国内旅游收入占 GDP 比重（0.054）	正向
			艺术表演团体国内演出观众人次（0.052）	正向

总指数	子系统	二级指标	三级指标	方向
绿色消费指数(1.000)	绿色消费生态子系统(0.283)	生态环境(0.128)	自然保护区面积(0.038)	正向
			建成区绿化覆盖率(0.047)	正向
			省会城市、直辖市空气质量达到及好于二级的平均天数(0.043)	正向
		环境维护(0.155)	城市污水处理率(0.048)	正向
			城市生活垃圾无害化处理率(0.053)	正向
			环境污染治理投资占 GDP 的比重(0.053)	正向

二、指数测度

进一步地，利用已经构建的绿色消费指数指标体系，代入三级指标中相关宏观数据，测度绿色消费指数值。引入熵和熵权，对每个指标加熵权，加熵权矩阵为：

$$C = \begin{bmatrix} w_1 y_{11} & w_1 y_{12} & \cdots & w_1 y_{1n} \\ w_2 y_{21} & w_2 y_{22} & \cdots & w_2 y_{2n} \\ \vdots & \vdots & \ddots & \vdots \\ w_m y_{m1} & w_m y_{m2} & \cdots & w_m y_{mn} \end{bmatrix}$$

首先，计算得出历年各三级指标的评价值；其次，运用多层次综合评价的方法，合成计算三级指标评价值和三级指标权重值得到二级指标的评价值，再依次类推，可得到 2000~2021 年绿色消费总指数。为了使得最终结果更为直观和便于比较分析，本书使用改进的功效系数法将最终结果标准化为 [50，100] 数值区间，公式如下：

$$V_j = 50 + \left(\frac{v_{ij} - \min v_j}{\max v_j - \min v_j} \right) \times 50 \tag{5-4}$$

其中，V_j 表示第 i 年我国绿色消费指数得分，v_{ij} 表示指标体系中第 i 年第 j 项指标得分，$\min v_j$ 表示第 j 项指标得分的最小值，$\max v_j$ 表示第 j 项指标得分的最大值，$j = 1，2，\cdots，18$。对各指标层加总平均，得到 2000~2021 年我国绿色消费指数，结果具体如图 5-2 所示。

图 5-2 显示，2000~2021 年，我国绿色消费指数整体呈现稳定增长态势。历年指数数值中最小值为 66.7，最大值为 83.5，均值为 75.6。2000

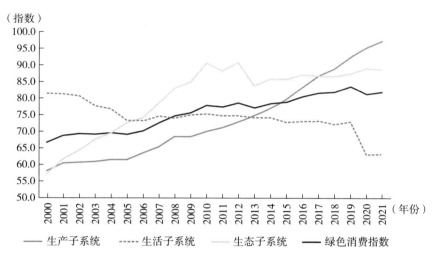

图5-2　2000~2021年我国绿色消费指数及其构成子系统折线

年，绿色消费指数仅为66.7，处于较低水平；2001~2005年，该指数处于低位徘徊阶段；2006~2010年增速开始有所提升，并在2010达到77.8；2011~2013年，绿色消费指数又处于徘徊阶段；2014年起，绿色消费指数快速提升，并在2019年达到最高值83.5。到2020年，绿色消费指数又有所下跌。总体来说，21世纪以来，我国绿色消费指数呈现三次短期调整阶段，两次快速增长阶段，我国绿色消费状况得到了有效改善。

第四节
指数及其构成分析

一、总指数结果分析

通过分析不难发现，21世纪以来，我国绿色消费指数发展态势与这一时期我国经济社会发展和生态环境保护政策制定等现实情况较为契合。

经济增长强劲能在一定程度上促进绿色消费发展，但并非决定因素。21世纪初，亚洲金融危机对我国经济的影响刚刚平息，我国经济增长步入更快发展通道。2001~2005年，我国GDP增速始终维持8%以上。与此同时，我国绿色消费指数却处于低位徘徊阶段。图5-2显示，2001~2005年，我国绿色消费指数仅增长0.4，且2003年和2005年有所下降。绿色消费发展和经济增长的不同步，说明彼时提高经济增速是重中之重，绿色消费观念还有待强化，绿色消费行为还未被广泛接纳，绿色消费发展状况滞后于经济发展。但不可忽视的是，随着经济快速增长，我国生态环境保护和自然资源利用问题日趋严峻。2003年，党的十六届三中全会提出的全面、协调、可持续的科学发展观为绿色消费发展提供了科学的理论指导和坚实的理论基础，生态环境保护和经济发展被放到了同等重要的位置，两者更是相辅相成、相互影响，绿色消费的现实意义逐渐显露。

2006~2010年，我国绿色消费指数从70.2迅速增长到77.8，累计提升了7.6，且该数据高于前一个五年增长值7.2。在这一时期，我国经济增速也保持高速增长，2007年国内生产总值增速最高达9.4%，即使受全球金融危机影响，2009年经济增速也达到9.4%。这一时期经济增长和绿色消费发展总体水平都快速提升，两者相互协调。这是由于我国逐步重视绿色消费发展和生态环境保护。2006年，党的十六届六中全会提出"构建和谐社会""建设资源节约型社会和环境友好型社会"的战略主张；2007年，党的十七大首次将"建设生态文明"写入党的报告。此外，2008年北京奥运会和2010年上海世博会有力推动了我国包括绿色消费在内的生态环境保护事业发展，尤其有助于国民绿色环保意识的提升。绿色消费指数快速提升与经济增长高速度同步，说明我国发展绿色消费不但不会影响经济增长，还能成为经济可持续增长的重要途径。

2011~2013年，我国绿色消费指数又经历徘徊。2013年较2010年降低了0.6。同期，经济增长由9.5%降低到7.8%，经济增速逐渐放缓可能在一定程度上制约了绿色消费的发展速度。当时，我国面临的产业结构问题逐渐显现，供需不匹配问题突出，低附加值、高污染、高消耗、高排放产业比重偏高，绿色低碳环保产业比重偏低，绿色产品和服务不足。随着人们对生态环境保护的要求不断提高，我国逐渐重视生态环境保护和经济社会协调发展。2012年，党的十八大把生态文明建设纳入中国特色社会主义事业五位一体总体布局，"着力推进绿色发展、循环发展、低碳发展，形成节约资源和保护环境的空间格局、产业结构、生产方式、生活方式"

以及"形成合理消费的社会风尚"等绿色消费相关要求在党的十八大报告中被提到。2013 年，党的十八届三中全会进一步做出全面推进生态文明建设系列部署，生态环境保护工作得到系统性加强。

　　自 2014 年起我国绿色消费指数又企稳恢复增长，2019 年达到新高83.5。同期，我国经济发展步入新常态，2014～2018 年经济增速分别为7.3%、6.9%、6.7%、6.9%、6.6%，仅从增速看为 21 世纪以来最低水平。然而，经济增速的放缓不会影响绿色消费发展，同期，我国绿色消费指数增长较快，年均增长 1.1，也印证了该阶段我国经济发展正由高速度增长向高质量发展转变。此外，我国在绿色消费领域加快了系统性探索，2016 年国家发改委等十部门联合印发了《关于促进绿色消费的指导意见》，中国连锁经营协会（CCFA）等组织联合举办"2016 年绿色可持续消费宣传周"一系列政策意义与实施效果逐步凸显。这一时期，虽然经济增速有所放缓，但绿色消费指数或者绿色消费水平的较快增长是我国经济由高速增长向高质量发展转变的重要体现和支撑。由此可见，绿色消费对经济高质量发展也有积极促进作用。

二、子系统结果分析

　　进入 21 世纪以来，我国绿色消费指数不断上升的同时，三个子系统指数的变化呈现出明显差异。总体来看，绿色消费的生产子系统指数稳定上升，绿色消费的生态子系统指数经历初期快速发展后不断波动，绿色消费的生活子系统指数先逐步下降，随后在较长时期停滞不前。根据二、三级指标的具体计算过程并结合图 5-2 可以得到如下结论：

（一）绿色消费生产子系统

　　2000～2021 年，绿色消费生产子系统基本保持稳定增长态势，从 2000 年的 58.1 增长到 2021 年的 97.2。其中，在 2005～2008 年保持较快增长，从 61.5 增长到 68.5，年均增长 2.3。从二、三级指标来看，一方面，该时期绿色消费相关产业的生产过程提升较快。其中，单位 GDP SO_2 排放由2005 年的 136.1 吨/亿元，下降为 2008 年的 72.7 吨/亿元，三年下降接近50%；清洁能源消费量占比则由 2005 年的 9.8% 提升到 2008 年的 11.8%，提高了 20.4%。另一方面，该时期绿色消费相关的商品和服务发展较快。其中，绿色食品标识的产品总数由 2005 年的 9728 个提高到 2008 年的

17512 个，提升了 80%；农村太阳能热水器面积和城市每万人拥有公交车数量分别由 2005 年的 3205 万平方米和 8.6 标台提升到 2008 年的 4758 万平方米和 11.1 标台，分别提升了 48.4% 和 29.0%。

由于清洁能源消费量占比提升有限，且单位耕地灌溉面积农用化肥施用量下降不明显，加上绿色食品标识的产品总数甚至出现下降，导致绿色消费生产子系统指标在 2009 年没有实现增长。从 2010 年开始，我国绿色消费生产子系统指数又恢复快速上升，且在三个子系统中增长最快，在 2017 年及以后成为得分最高的子系统，从 2010 年的 70.0 上升到 2018 年 97.2，年均提高 2.47。在这一快速增长过程中，从二、三级指标来看，主要是单位 GDP SO_2 排放下降 83%，清洁能源消费量占比、绿色食品标识的产品总数、农村太阳能热水器面积的增长较快，2018 年其数值较 2010 年分别增长了 64.9%、84.7%、60.4%。这也说明了我国绿色消费的生产环节是推动绿色消费发展的最有力支撑，也是近年来我国不断完善绿色消费生产监管制度，从供给端不断丰富绿色消费生产生活产品和服务的结果。

（二）绿色消费生态子系统

2000~2021 年，绿色消费生态子系统总体上有明显提升，该指数从 2000 年的 57.3 增长到 2021 年的 88.6。绿色消费生态子系统呈现明显的两段式：第一阶段，指数在 2000~2010 年保持较快增长，从 57.3 增长到 90.6，年均增长 3.33；第二阶段，指数在 2011~2021 年上下波动。从二、三级指标来看，第一阶段的快速上涨，主要是因为生态环境和环境保护两方面都在持续提升。在生态环境方面，建成区绿化覆盖率以及省会城市、自然保护区面积、直辖市空气质量达到及好于二级的平均天数等指标快速上升，三项指标 2010 年较 2000 年分别上升 52.2%、36.9%、18.5%；在环境保护方面，2000 年城市污水处理率、城市生活垃圾无害化处理率、环境污染治理投资占 GDP 的比重三项指标较 2000 年分别上升 139.9%、33.8% 和 75.2%。说明在 21 世纪头 10 年，我国在发展消费的同时也在生态环境保护方面取得一定成效，既保持了良好的生态环境，也重视环境污染破坏地区生态修复，双管齐下，绿色消费生态子系统指数呈现快速上升趋势。

2011~2018 年，绿色消费生态子系统呈现明显波动。2021 年，绿色消费生态子系统指数较 2010 年下降了 2。从生态环境方面来看，自然保护区面积在 2013 年最低，仅为 14631 万公顷，直辖市空气质量达到及好于二级的平均天数也波动较大，在 2013 年仅为 212 天，占全年 58.0%。从环境保护方面来看，2011 年之后，城市污水处理率、城市生活垃圾无害化处理率等指标持续向好，说明我国绿色消费相关的基础设施正在逐步完善，但也要看到环境污染治理投资占 GDP 的比重这一指标在 2013 年后持续走低，说明我国在经济增长的同时，环境污染治理投资虽然在绝对数额上有所上升，但是其占 GDP 的比重却在持续缓慢下降，还需要加大环境治理方面的投入力度。

（三）绿色消费生活子系统

2000～2021 年，绿色消费生活子系统总体上呈现下降趋势，该指数从 2000 年的 81.3 下降到 2021 年的 63.2。绿色消费生活子系统也呈现明显的两段式：第一阶段，指数在 2000～2005 年呈现明显下降趋势，从 80.7 下降到 72.2，年均下降 1.7；第二阶段，2006～2018 年，该子系统指数在较长时间基本维持稳定。从二、三级指标来看，2000～2005 的下降期，主要是由于消费水平和消费结构两个维度的多项指标都在下降。在消费水平维度，人均生活用能源消费量和单位 GDP 生活消费行业汽油消费大幅上涨，2005 年较 2000 年分别上涨 59.8% 和 120.5%；在消费结构方面，国内旅游收入占 GDP 的比重和艺术表演团体国内演出观众人次都有所下降，2005 年较 2000 年分别下降 11.0% 和 15.8%。同时，也要看到单位 GDP 生活消费行业煤炭消费在该时段快速下降，煤炭作为污染较重的能源，其消耗量下降反映出我国在能源消费结构上有所进步，但是整体人均能源消费水平仍然逐渐升高；高等教育在学规模在该时段快速上升，也可以从侧面反映出居民消费结构的优化，精神文化类消费需求不断增加。

2006～2019 年，绿色消费生活子系统基本保持稳定。2006 年该指数为 73.2，2019 年为 72.8。从消费水平维度上看，人均生活用能源消费量、单位 GDP 生活消费行业汽油消费均持续上升，单位 GDP 生活消费行业煤炭消费则保持稳定下降。从消费结构维度上看，高等教育在学规模持续上升，国内旅游收入占 GDP 的比重在 2008 年到达较低点后，开始持续上扬，艺术表演团体国内演出观众人次在 2008～2011 年出现短暂波动，随后开始稳定上升。由此可见，我国绿色消费生活子系统指数在 2006～2018 年未能呈现明显增长态势，是因为居民生活消费方式还不能更好体现绿色特征，能源消耗量增长较快。可喜的是，我国居民在这一阶段更加偏好和重视绿色的生活消费模式，许多低污染、可持续生活消费模式逐渐受到欢迎。

（四）绿色消费总指数和子系统指数关系分析

从图 5-2 中可以看出，绿色消费指数与三大子系统之间存在一定的联系，主要表现为绿色生产子系统指数引领绿色消费指数提升，绿色生活子系统指数制约绿色消费指数提升，绿色生态子系统指数在前期带动了绿色消费指数提升，后期对绿色消费提升作用有限。

第一，绿色消费指数与绿色消费生产子系统指数呈现较为稳定的上升态势。在 2000 年，绿色消费指数起始得分高于绿色消费生产子系统指数，分别为 66.7 和 58.1。随后，绿色消费生产子系统指数和绿色消费总指数同步增长，且前者增长速度更快，并于 2013 年超过绿色消费指数，到 2018 年，绿色消费生产子系统指数成为三个子系统中得分最高的，充分发挥了绿色生产子系统对绿色消费的引领作用。这说明我国绿色消费相关生产环节控制较好，绿色消费有关产品和服务较为丰富，是拉动绿色消费指数稳定增长的最有效驱动力。

第二，绿色消费指数与绿色消费生态子系统指数在前期均呈现上升态势，在后期绿色消费生态子系统对绿色消费总指数拉动作用不足。绿色消费指数起始得分更高，绿色消费生态子系统指数得分是三个子系统中起始得分最低的，但在 2000~2010 年增长较绿色消费指数更快，于 2005 年超过绿色消费指数得分。然而，在 2010 年之后，绿色消费生态子系统指数得分不再保持快速增长态势，而是经历了一段时间的波动。这说明我国绿色消费生态环境在前期曾对绿色消费提升做出了较大贡献，后期由于我国生态环境和生态环境维护压力逐步增大，其对绿色消费提升贡献有限。

第三，绿色消费指数与绿色消费生活子系统指数呈现负向关系。绿色消费生活子系统指数在 2000~2006 年快速下降，同期绿色消费指数基本保持平稳态势；2007~2019 年，绿色消费指数快速上升，而此时绿色消费生活子系统指数保持平稳，略有下降，尤其是 2020 年受疫情影响下降较大，也是目前三大子系统中得分最低的一个子系统。由此可见，我国居民绿色生活方面的不足是制约绿色消费发展的重要因素，尤其是居民生活中能源消耗量过大，居民生活消费中绿色消费行为还不够普及。

第五节
本章小结

　　本章基于绿色消费的定义，深入挖掘绿色消费的科学内涵，借助经济社会环境的宏观数据指标，采用熵值法构建了涵盖生产、生活、生态三个子系统的绿色消费指数评价指标体系，并对 2000～2021 年我国绿色消费指数及三个子系统消费指数进行测度。研究发现，21 世纪以来，我国绿色消费发展情况总体上保持稳定增长，但三个子系统绿色消费发展情况有明显差异：第一，绿色生产子系统指数稳步提升，说明绿色生产过程环节控制良好，绿色商品及服务逐步丰富；第二，绿色消费的生态子系统指数经历初期快速发展而后不断波动，反映出我国自然生态环境在面对消费快速发展的同时也承受了巨大压力，我国在生态环境治理上的投入不足；第三，绿色消费的生活子系统指数先期逐步下降，随后较长时期停滞不前，说明我国居民绿色生活水平不高，结构不优。更进一步地，探究 2000～2021 年三大子系统与绿色消费指数的关系发现：绿色生产子系统指数引领绿色消费指数提升；绿色生活子系统指数制约绿色消费指数提升；绿色生态子系统指数在前期带动了绿色消费指数提升，但后期对绿色消费提升作用有限。

绿色消费指数结构分解

绿色消费指数衡量的是一国或一地区的绿色消费总体状况，有必要进一步对指数进行分解，探究绿色消费指数的构成结构，从而更好地反映绿色消费发展的内在机制。

绿色消费指数结构分解的主要成分与绿色消费指数指标体系的具体内容有本质区别。绿色消费指数指标体系包含生产、生活、生态三个维度的一系列与绿色消费相关指标，均是衡量绿色消费发展整体状况的具体指标，一般性的经济、技术、生态指标，如 GDP、研发经费、"三废"排放总量等由于不能直接反映绿色消费总体状况，并不适宜纳入绿色消费指数指标体系。但宏观经济、技术、生态条件等却可能对绿色消费发展起着重要作用。本节将绿色消费指数分解为经济、技术和生态环境三个主要成分（效应①），通过分解测算三者对绿色消费的贡献差异及贡献率，有助于制定具有针对性的促进绿色消费发展的政策措施。

第一节
理论依据

第一，经济增长驱动绿色消费发展。根据 Grossman 和 Krueger（1995）提出的环境库兹涅茨曲线假说及后人的不断丰富完善，经济增长可能通过规模效应、技术效应、结构效应和收入效应等多种途径影响生态环境。生态环境是绿色消费内涵和指标体系中的重要考量，经济增长对绿色消费的影响同样如此。首先，由于经济水平增长，居民消费的规模扩大造成资源消耗加剧，超过生态环境承载力，环境的破坏使得绿色消费发展受制约，经济增长对绿色消费发展的消极影响也不一定是成倍增加的，如果经济增长过程中能较好地实现规模效应，其对自然资源的消耗比例会更小一点，实现集约式发展。其次，经济增长还会提升技术水平，使生产和消费过程

---

① 注：已有文献中一般称为"效应"，后文中也称"效应"。

中资源利用效率得到提升，单位商品生产的能源消耗下降，产品使用后对环境的污染更小。再次，经济增长导致消费结构升级，从工业为主向服务业为主转变，从重污染、单一化、低层次向轻污染、多门类、高层次的产业结构转变，产业结构的变化带动绿色消费的发展。最后，经济增长还促进人们由基础型、生存型消费向发展型、享受型消费转变，后者健康、舒适、环保的消费方式更符合绿色消费要求。

第二，技术进步驱动绿色消费发展。技术决定理论、回弹效应理论都认为技术是影响环境的重要因素。环境经济学还要求注重经济发展和技术进步的关系（王建明，2012）。绿色消费发展要兼顾公平和效率，技术进步是促进消费发展水平和生态保护质量提升的最有力的武器。一方面，根据技术决定理论，先进技术手段的应用有助于在保证和提升人们消费水平的基础上减少资源投入，减轻人类消费活动对生态环境的影响，同时提高人们生活水平。另一方面，根据回弹效应理论，技术进步带来了生产和消费效率提升，带动了经济水平提高，从而大大放松了生态环境压力带来的资金和生态资源等制约，在一定程度上促使人们扩大消费，造成了新的生态环境压力，即产生"回弹效应"。

第三，生态环境驱动绿色消费发展。消费环境是消费三要素之一，生态环境又是消费环境的重要内容，良好的生态环境是扩大消费的必要条件，也体现了绿色消费的内涵要义。根据需求层次理论，传统的基础型、生存型消费是较低层次的生理需求满足，随着经济和收入水平的提升，人们要求消费行为对环境影响更小，居住环境更宜居，身体健康得到保障，即满足需求层次理论中的安全需求；进一步地，随着经济和收入水平的不断提升，人们希望通过自己的消费行为实现节约资源、保护环境的生态价值，为他人以及子孙后代带来更好的生活环境和更优良的自然环境，实现人类社会的可持续发展，即满足需求层次理论中的自我实现需求。然而，也有理念认为，过高的生态环境标准会抑制消费发展。例如，政府为了更好地提升生态环境，可能会采取一系列环境治理措施，由于达不到制定的绿色消费标准或者实现成本过高，会使得居民消费增长受限制（李志青，2019），这与"促进消费发展"的绿色消费目的相悖。

第二节
Kaya 恒等式

Kaya 恒等式由日本 Yoichikaya 教授于 1989 年在 IPCC 的一次研讨会上提出，他利用该等式对 CO_2 排放进行因素分解，从而将 CO_2 排放和国内生产总值、能源消耗量、人口联系了起来（潘家华，2002）。

同理，本书将 Kaya 恒等式引入绿色消费指数变化分解研究中。上文理论分析认为，绿色消费主要受经济增长、技术进步和生态环境驱动。参考已有文献（Chen 等，2019），为识别绿色消费指数变化的主要构成因素，将 Kaya 恒等式扩展为经济、技术和生态三方面因素（效应），如式（6-1）所示。

$$V = GDP \times \frac{CE}{GDP} \times \frac{V}{CE} = G \times K \times E \qquad (6-1)$$

其中，GDP 表示国内生产总值指数，CE 表示人均生活消费碳排放量，V 表示绿色消费指数。本书将引起绿色消费指数变化的因素分解为三个效应：①经济效应（$G = GDP$），将经济增长视为投入要素，经济效应是衡量经济增长的主要指标，以此反映经济增长对绿色消费水平提升的基础性作用（陈祖海和雷朱家华，2015）；②技术效应（$K = CE/GDP$），表示生活消费碳强度，即单位经济产出的生活消费碳排放量，一国经济发展中碳强度下降并不意味着碳排放总量的下降，但能够说明由于技术进步引致生产和消费效率提升从而促进该指数值降低，因此，本书将单位 GDP 所带来的生活消费碳排放视为绿色消费的技术效应，以反映生活消费能源利用效率和技术水平，有助于分析技术进步对绿色消费水平变化的影响（林伯强和毛东昕，2014）；③生态效应（$E = V/CE$），参考王圣云（2016）在研究中将人类福祉指数与人均碳排放量的比值作为生态效率的代理变量，本书将单位人均生活消费碳排放对绿色消费水平变化的影响同样视为生态效应。由此，我国绿色消费状况的变化可以分为主要通过经济增长、技术进步、生态效率提升三个方面驱动。

第三节
LMDI 指数分解

对数平均迪氏指数法（Log Mean Divisia index，LMDI）分解模型于 1998 年由 Ang 等在迪氏指数法基础上提出，常用在能源消费、碳排放的驱动因素分解研究中，可以得到在一定时间内各个因素对能源消费指标的影响强度，具有不产生残差、能够完全分解等优点。一般来说，LMDI 因素分解法有加和、乘积两种（Ang，2004）。结合 Kaya 恒等式扩展形式和 LMDI 指数分解模型，本书对绿色消费指数进行结构分解，有助于揭示我国绿色消费指数变化的总体一般规律和区域差异。

构建 LMDI 分解模型，将基期和第 t 年之间的绿色消费指数变化值设为总效应（ΔV），其由经济效应（ΔGe）、生态效应（ΔEe）、技术效应（ΔKe）三个分效应组成。绿色消费变化的总效应 ΔV 的计算公式如下：

$$\Delta V = V_t - V_0 = \Delta Ge + \Delta Ee + \Delta Ke \tag{6-2}$$

其中，ΔV 表示从基期 V_0 到 t 时期 V_t 绿色消费指数变化。ΔGe、ΔEe、ΔKe 分别表示源自于 G、E、K 变化产生绿色消费指数变化的影响，即效应；三者贡献率表达式分别为 $\Delta Ge/\Delta V$、$\Delta Ee/\Delta V$、$\Delta Ke/\Delta V$。

根据相关文献（范建双和周琳，2019），绿色消费分解因子的权重 W 为：

$$W = \frac{V_t - V_0}{\ln(V_t / V_0)} \tag{6-3}$$

结合式（6-2），可得：

$$\Delta V = W \times \ln\left(\frac{V_t}{V_0}\right) = W \times \left(\ln\frac{G_t}{G_0} + \ln\frac{E_t}{E_0} + \ln\frac{K_t}{K_0}\right) \tag{6-4}$$

结合式（6-2）、式（6-4），可以得到 G、E、K 变化对绿色消费指数变化的贡献份额分别为式（6-5）至式（6-7）：

$$\Delta Ge = W \times \ln\frac{G_t}{G_0} \tag{6-5}$$

$$\Delta Ee = W \times \ln \frac{E_t}{E_0} \qquad (6\text{-}6)$$

$$\Delta Ke = W \times \ln \frac{K_t}{K_0} \qquad (6\text{-}7)$$

再结合式（6-3），得到式（6-8）至式（6-10）：

$$\Delta Ge = \frac{V_t - V_0}{\ln V_t - \ln V_0} \times \ln \frac{G_t}{G_0} \qquad (6\text{-}8)$$

$$\Delta Ee = \frac{V_t - V_0}{\ln V_t - \ln V_0} \times \ln \frac{E_t}{E_0} \qquad (6\text{-}9)$$

$$\Delta Ke = \frac{V_t - V_0}{\ln V_t - \ln V_0} \times \ln \frac{K_t}{K_0} \qquad (6\text{-}10)$$

若效应 ΔGe、ΔEe、ΔKe 为正值，则分别表示经济效应、生态效应、技术效应的变化促进了绿色消费水平提升；反之，则制约了绿色消费水平提升。

根据 2000~2021 年《中华人民共和国国民经济和社会发展统计公报》，并结合《中国能源统计年鉴 2005》《中国能源统计年鉴 2009》《中国能源统计年鉴 2018》相关数据计算可得 2000~2021 年我国人均碳排放量[①]。同时，根据 2000~2021 年绿色消费指数，结合 2000~2021 年《中华人民共和国国民经济和社会发展统计公报》中 GDP 数据，以 2000 年为基期对我国 2000~2021 年绿色消费指数变化进行结构分解。

人均碳排放量计算。根据现有文献（王锋等，2010），一般将能源消费划分为原煤、焦炭、原油、汽油、柴油、燃料油、天然气、煤油 8 类能源消费，这 8 类能源消费的碳排放系数的计算公式如下：

$$\gamma_i = OE_i \times LHV_i \times CC_i \qquad (6\text{-}11)$$

γ_i 为第 i 种燃料排放系数；OE_i 为第 i 种燃料氧化率；LHV_i 为第 i 种燃料低位发热值；CC_i 为第 i 种燃料含碳量。8 类燃料的碳排放系数如表 6-1 所示（潘家华和张丽峰，2011）。

---

① 注：由于 IPCC 和《中国能源统计年鉴》分类有差异，用原煤的碳排放系数和煤炭的生活消费量相乘。

表 6-1　8 类燃料的碳排放系数

燃料品类	低位发热值（KJ/kg）	含碳量（kgC/GJ）	氧化率（%）	碳排放系数（tC/t）
原煤	20908	25.8	1	0.5394
焦炭	28435	29.2	1	0.8303
原油	41816	20.0	1	0.8363
汽油	43070	18.9	1	0.8140
柴油	42652	20.2	1	0.8616
燃料油	41816	21.1	1	0.8823
天然气	38931*	15.3	1	0.4478
煤油	43070	19.5	1	0.8399

注："＊"表示天然气低位发热量单位为 kJ/m³；1GJ = 1000MJ = 1000000KJ。

人均碳排放量如式（6-12）所示：

$$CE = \sum_{i=1}^{8} Q_i \times \frac{\gamma_i}{pop} \qquad (6-12)$$

Q_i 为第 i 种燃料生活消费量[①]；pop 为人口数；CE 为人均碳排放量。

利用 LMDI 指数分解方法，将 2001～2021 年我国绿色消费指数变化分解为经济效应、技术效应、生态效应三个方面，该时期我国绿色消费整体呈现增长的趋势。从三类分解要素来看，2001～2021 年经济效应为我国绿色消费发展发挥了正向驱动作用，技术效应和生态效应为我国绿色消费发展起到了负向作用，其中技术效应的负向作用更大。进一步地，将该时期细分为 4 个时间段，以便更好地识别各时期我国绿色消费发展的主要因素，同时计算各个时期每个因素对绿色消费指数变化的贡献率，具体如表 6-2 所示。

表 6-2　2001～2021 年我国绿色消费指数变化分解结果

年份	经济效应		技术效应		生态效应		绿色消费指数变化值
	效应值	贡献率（%）	效应值	贡献率（%）	效应值	贡献率（%）	
2001～2021	180.55	1194	-153.04	-1012	-12.39	-82	15.12
2001～2005	42.51	1770	-27.07	-1227	-13.04	-543	2.40
2006-2010	59.62	685	-55.92	-642	5.01	57	7.60
2011～2015	37.66	3890	-27.14	-2804	-9.55	-987	1.40
2016～2021	40.75	1339	-42.90	-1410	5.02	171	3.04

---

①　注：由于《中国能源统计年鉴》中没有单列出燃料油和原油的生活消费数据，用交通、仓储、邮政业与批发、零售业、住宿、餐饮的燃料油和原油消费数据之和代替。

2001~2021 年，我国绿色消费指数的变化主要是源自经济效应驱动，而生态效应，尤其是技术效应呈现出负效应，对我国绿色消费指数的提高起到了制约作用。这一时期，绿色消费指数提高了 15.12，其中经济效应为 180.55，对绿色消费的贡献率为 1194%；技术效应和生态效应分别为 -153.04 和 -12.39，对绿色消费的贡献率分别为 -1012% 和 -82%。

2001~2005 年，我国绿色消费指数增长了 2.40，该时段内的变化主要由经济效应推动，而技术效应和生态效应对该时段内我国绿色消费指数的提高起到了制约作用。随着我国经济发展，其对绿色消费水平的贡献率达 1770%，而技术效应和生态效应对绿色消费水平的贡献率分别为 -1227% 和 -543%。

2006~2010 年，我国绿色消费指数从 70.2 快速提高到 77.8，该时段依赖经济效应和生态效应驱动，其中经济效应是主要驱动力，而技术效应对绿色消费状况变化起制约作用。经济效应对绿色消费水平的贡献率达 685%，生态效应的贡献率为 57%，技术效应的贡献率为 -642%。

2011~2015 年，我国绿色消费指数从 77.4 增长到 78.8，主要由经济效应驱动，技术效应和生态效应发挥着制约作用。经济效应的贡献率达 3890%，而技术效应和生态效应的贡献率分别为 -2804% 和 -987%。

2016~2021 年，技术效应对绿色消费状况仍表现为明显的制约作用，经济效应表现为明显的促进作用。技术效应的贡献率达 -1410%，经济效应的贡献率为 1339%，

经济效应对我国绿色消费发展一直是正向作用，这一时期，我国经济保持了较快增长速度，为 2001 年以来我国绿色消费不断发展奠定了重要的经济基础；技术效应对我国绿色消费发展一直是负向作用，说明在改善我国绿色消费状况的进程中，技术效率一直是首要制约因素，因为绿色消费商品研发往往需要较高的科技水平作为支撑，相关核心技术不足导致我国绿色消费发展受限制；生态效应只有在 2006~2010 年等少数时间段表现为正向作用，促进了我国绿色消费发展，但在大部分时间段则表现为负向作用，说明生态因素在促进绿色消费发展过程中的重要作用被忽视，成为制约我国绿色消费发展的重要因素。因此，在未来经济增长面临较大压力的情况下，应不断提高科技进步对绿色消费的拉动作用，进一步强化绿色消费的生态效应，提升绿色消费发展过程中的生态效率，鼓励集约式发展。

综上所述，经济增长是我国绿色消费发展的最主要贡献力。因此，进一步挖掘经济发展和消费增长新动能是保证我国绿色消费可持续发展的重要抓手。同时，技术不足和生态环境欠佳制约了我国绿色消费发展，有必要加强研发投入，通过开发新产品和服务为人们提供更多绿色消费选择从而降低消费成本；在扩大消费的同时重视生态环境保护，促进消费增长和环境保护协调发展。

由于我国各区域经济社会和绿色消费发展水平差异较大，各区域绿色消费指数变化的主要效应不一，为了更深入理解我国各地绿色消费指数变化效应的特点，有必要进一步对我国各区域绿色消费指数变动进行结构分解，比较其异同。

第四节

区域指数分解

根据上文将我国划分为东部、中部、东北部和西部四大区域。以历年各区域内所有行政区的 GDP 为权重，进行加权平均，求得各个区域绿色消费指数得分，同样构建 LMDI 分解模型，针对各区域中含有不同数量行政区，各区域经济效应（Ge）、生态效应（Ee）、技术效应（Ke）变化的计算公式相应调整如下：

$$\Delta Ge = \sum_i \frac{V_{it}-V_{i0}}{\ln V_{it}-\ln V_{i0}} \times \ln \frac{G_{it}}{G_{i0}} \tag{6-13}$$

$$\Delta Ee = \sum_i \frac{V_{it}-V_{i0}}{\ln V_{it}-\ln V_{i0}} \times \ln \frac{E_{it}}{E_{i0}} \tag{6-14}$$

$$\Delta Ke = \sum_i \frac{V_{it}-V_{i0}}{\ln V_{it}-\ln V_{i0}} \times \ln \frac{K_{it}}{K_{i0}} \tag{6-15}$$

i 表示各区域中行政区的个数，本书分为四个区域，$i = 10$，6，3，11。除了各地区绿色消费指数以外，其余变量均为水平值，本书将相关变量的数值水平相加得到各个区域相应变量的总体值，其余计算步骤与上文一致。

根据历年《中国能源统计年鉴》《中华人民共和国统计年鉴》《中华人民共和国国民经济和社会发展统计公报》的数据，以 2000 年为基期，对我国 2000~2020 年东部、中部、东北部、西部四个区域 30 个省级行政区[①]绿色消费指数变化进行结构分解，具体结果如表 6-3 所示。

　　表 6-3 结果显示，2001~2020 年，我国四大区域绿色消费指数变化的 3 个主要效应中：经济效应均为正值，对绿色消费起促进作用；技术效应均为负值，对绿色消费水平提升起抑制作用；生态效应在中部和西部为正值，在东部、东北部为负值，说明其在中部和西部能够产生促进作用，在东部、东北部起抑制作用。

　　东部地区经济效应对绿色消费发展起促进作用，而技术效应和生态效应主要起抑制作用。东部地区经济效应一直为正，2001~2020 年东部地区经济效应值为 166.92，对绿色消费指数变化的贡献率为 781%。尤其在 2006~2010 年，经济效应值达到 57.13，为各时期最大值，经济效应贡献率最大的时期是 2001~2005 年（东部地区 2005 年较 2001 年绿色消费指数有所下降，因此经济贡献率为负值，实际对于绿色消费发展起正向作用）。在东部地区，技术效应均为负值，2001~2020 年技术效应值为 -95.60，贡献率为 -447%。2001~2005 年技术效应值为 -32.04，对绿色消费的贡献率为 -1507%，说明该时段技术效应对绿色消费发展的抑制作用最为明显，此后效应值的绝对值逐渐减小，说明随着技术的进步，其对绿色消费发展的制约作用逐步减弱，不再是制约绿色消费发展的首要因素。在东部地区，各时间段生态效应均为负值，2001~2020 年东部生态效应值为 -49.95，贡献率为 -234%。其中，2006~2010 年为 -15.51，贡献率为 -148%，此后生态效应的效应值的绝对值逐步降低，说明生态因素对绿色消费的抑制作用也逐步减小。

　　中部地区经济效应和生态效应对绿色消费水平提升起促进作用，而技术效应起抑制作用。中部地区经济效应一直为正，2001~2020 年中部地区经济效应值为 171.17，对绿色消费指数变化的贡献率为 819%，均略高于同期东部水平。尤其 2006~2010 年经济效应值达 62.65，为各时期最大值，经济效应贡献率最大的时期是 2001~2005 年，贡献率达 10884%。在中部地区，

---

　　①　考虑数据可得性和统计口径统一问题，30 个省级行政区中不包括中国香港、中国澳门、中国台湾和西藏地区。

表6-3 四大区域绿色消费指数分解结果

		东部			中部			东北部			西部	
		经济效应	技术效应	生态效应	经济效应	技术效应	生态效应	经济效应	技术效应	生态效应	经济效应	技术效应	生态效应
2001~2020年	效应值	166.92	-95.6	-49.95	171.17	-179.68	29.41	129.53	-101.12	-4.57	177.69	-161.35	2.83
	贡献率(%)	781	-447	-234	819	-860	141	543	-424	-19	927	-841	15
2001~2005年	效应值	49.41	-32.04	-19.5	45.65	-36.99	-8.24	36.9	-0.89	-33.74	46.67	-35.52	-11.38
	贡献率(%)	-2324	1507	917	10884	-8820	-1964	1619	-39	-1480	-20646	15713	5033
2006~2010年	效应值	57.13	-31.17	-15.51	62.65	-87.47	34.17	56.34	-77.25	29.05	65.78	-68.15	10.07
	贡献率(%)	547	-298	-148	671	-936	366	692	-949	357	854	-885	131
2011~2015年	效应值	40.57	-22.74	-10.9	43.3	-29.83	-8.18	37.25	-22.2	-6.36	48.12	-48.17	6.28
	贡献率(%)	585	-328	-157	819	-564	-155	429	-255	-73	774	-775	101
2016~2020年	效应值	19.81	-9.65	-4.04	19.58	-25.39	11.65	-0.97	-0.78	6.49	17.12	-9.5	-2.14
	贡献率(%)	324	-158	-66	335	-434	199	-20	-16	137	312	-173	-39

技术效应均为负值，2001～2020 年效应值为 -179.68，贡献率为 -860%。2006～2010 年技术效应值为 -87.47，说明该时段技术效应对绿色消费发展的抑制作用最为明显，此后效应值的绝对值逐渐减小，说明随着技术的进步，其对绿色消费的制约作用逐步减弱，但仍是制约中部地区绿色消费发展的主要因素。在中部地区，生态效应波动较大，2001～2005 年和 2011～2015 年生态效应值为负值，生态环境对绿色消费产生抑制作用，2006～2010 年和 2016～2020 年生态效应为正值，表明优良的生态环境对绿色消费有促进作用。

东北部地区经济效应对绿色消费发展主要起促进作用，而技术效应和生态效应起抑制作用。东北部地区 2001～2020 年经济效应值为 129.53，对绿色消费指数变化的贡献率为 543%。2001～2015 年，东北部地区经济效应均为正值，说明这一阶段经济发展是促进地区绿色消费发展的主要动力，2016～2020 年经济效应由正转负，说明随着东北经济增速放缓，经济增长已成为阻碍东北部地区绿色消费发展的因素。在东北部地区，技术效应均为负值，2001～2020 年效应值为 -101.12，贡献率为 -424%。2006～2010 年技术效应值为 -77.25，对绿色消费贡献率为 -949%，说明该时段技术效应对绿色消费发展的抑制作用最为明显，2016～2020 年技术效应为 -0.78，说明随着整体技术的进步，其对绿色消费的制约作用逐步减弱，不再是制约绿色消费发展的首要因素。在东北部地区，各时段生态效应值有正有负，但波动逐渐减小。2001～2020 年，东北部地区生态效应值为 -4.57，贡献率为 -19%，其中 2016～2020 年生态效应值为 6.49，可以在一定程度上说明生态环境因素对于绿色消费的抑制逐渐好转，且对绿色消费发展有促进作用。

西部地区经济效应对绿色消费发展主要起促进作用，而技术效应和生态效应起抑制作用。西部地区 2001～2020 年经济效应值为 177.69，对绿色消费指数变化的贡献率为 927%，说明这一阶段经济发展是促进地区绿色消费发展变化的主要贡献力。在西部地区，2001～2020 年技术效应值为 -161.35，对绿色消费指数变化的贡献率为 -841%，说明技术水平制约了西部地区绿色消费水平提升。西部地区 2001～2020 年生态效应值为 2.83，对绿色消费指数变化的贡献率为 15%，其中 2001～2005 年和 2016～2020 年为负值，说明这些阶段生态环境总体上对西部地区绿色消费发展起到了抑制作用，但抑制作用比技术效应低。2006～2015 年，生态效应值为正值，说明这一时期生态环境促进了我国绿色消费发展，但促进作用相对于经济效应要小。

由此可见，由于我国幅员辽阔，不同地区经济社会和生态环境发展水平差异较大，各个地区绿色消费发展的主要贡献因素也相应存在差别，且随着时间变化呈现出一定趋势特征。为了进一步促进各地区绿色消费平衡和充分发展，有必要理清各地区绿色消费发展的重点方向。

从区域上看，东部地区绿色消费发展主要依赖经济效应，技术效应和生态环境对绿色消费的抑制作用逐渐降低。未来，应进一步发挥东部地区的资金优势，突破关键领域技术，尤其突破人口高密度集聚区绿色消费发展瓶颈，着力维护生态环境，节约资源，为绿色消费发展增添新动力。在中部，经济效应和生态效应对区域绿色消费水平贡献最大，技术效应则是制约因素。未来，应进一步保护好中部地区自然资源和生态环境，通过营造良好消费环境促进区域绿色消费发展，同时发挥中部地区人力资源丰富和劳动力成本低等优势，加快先进技术产业转移。在东北部地区，要着力解决经济增速放缓对我国绿色消费发展的影响，进一步加快供给侧结构性改革稳增长，通过经济平稳增长为绿色消费带来持久动力。在西部地区，近年来，西部地区经济增速较快，为绿色消费发展提供了强大动力，但技术仍然是西部地区绿色消费发展的短板，有必要加大人才引进和留住的力度，增加绿色消费产业的技术含量，同时进一步发挥好丰富的自然资源和优良的生态环境等先天优势，营造宜居、美丽、健康的绿色消费环境。

第五节
本章小结

本章对绿色消费指数做结构分解。根据环境库兹涅茨曲线假说、技术决定理论、需求层次理论等重要理论启示，发现绿色消费与经济、技术和生态环境都密切相关。借助 Kaya 恒等式和 LMDI 指数分解模型，将 2001～

2021 年我国绿色消费指数变化分解为经济效应、技术效应和生态效应。从整体上看，经济增长是驱动我国绿色消费发展的首要贡献力，我国经济的快速增长为绿色消费发展提供了物质基础；技术不足是制约我国绿色消费发展的重要因素，由于相关核心技术的不足，我国绿色消费产品和服务的研发受限制；生态环境条件也是制约我国绿色消费发展的重要因素，对生态环境的忽视阻碍了绿色消费发展。

从区域上看，东部地区绿色消费发展主要依赖经济效应，与此同时，技术进步和生态环境对绿色消费的抑制作用逐渐降低；在中部地区，经济效应和生态效应是促进区域绿色消费发展的两大贡献力量，技术不足则是制约因素；在东北部地区，经济效应对绿色消费发展主要起促进作用，技术效应和生态效应起抑制作用；在西部地区，经济增长为绿色消费发展做出了重要贡献，但技术不足是制约西部地区绿色消费发展的重要因素。

绿色消费的影响因素分析

根据绿色消费指数变化结构分解结果，一国或地区的绿色消费指数变化可以分解为经济效应、技术效应和生态环境效应三类。以此为依据，有必要进一步实证检验影响我国绿色消费发展的具体因素有哪些。通过构建特定模型，实证检验各因素对绿色消费影响的效果，有助于针对性地制定发展绿色消费的政策措施。

绿色消费指数结构分解与本章绿色消费影响因素分析有两点主要区别：一是视角不同，绿色消费指数结构分解是将绿色消费指数作为中间结果，并进一步分解为经济、技术和生态三个效应，绿色消费影响因素分析是将绿色消费指数作为最终结果，探究影响它的潜在可能因素；二是方法不同，绿色消费指数结构分解主要利用 Kaya 恒等式和 LMDI 指数分解法，不涉及回归分析，绿色消费影响因素分析主要利用贝叶斯模型平均法和两阶段贝叶斯模型平均法对所有潜在变量进行回归分析并筛选合适的模型。同时，绿色消费影响因素分析与绿色消费指数结构分解一脉相承，前者利用了后者测算的结果数据，后者提示了前者主要影响因素的研究范畴。绿色消费影响因素分析是绿色消费指数结构分解的进一步深化探究，都与本书主题之一的"绿色消费的发展"紧密相关。

第一节
理论模型与模型设定

一、理论模型

现有研究没有专门针对绿色消费影响因素的理论模型，经典的环境影响 IPAT 模型及其扩展为分析绿色消费影响因素提供了思路。

IPAT 模型最初由 Ehrlich 和 Holdren（1971）提出，以此反映人口数量、富裕程度、技术水平对环境的影响或压力，该模型也表明经济社会中人口数量、富裕程度和技术水平等各个变量之间具有复杂关系。IPAT 模型是目前较为简便刻画环境压力受人为因素影响的模型，其将生态环境问题与人为因素有机结合形成了一个统一模型分析框架。近年来，国内外学者常利用 IPAT 及其扩展模型分析社会经济发展对环境压力的影响。例如，Dietz 和 Rosa（1994）提出了 IPAT 模型的扩展形式——随机回归影响模型（STIRPAT），如式（7-1）所示：

$$I = aP^b A^c T^d e \qquad (7-1)$$

式中，I 表示环境影响，P 表示人口数量，A 表示富裕程度，T 表示技术水平的指数项，a 表示模型的常数项，b、c、d 分别表示 P、A、T 的系数，e 表示随机误差项。为分析各因素对因变量的影响，在具体研究中，常常对式（7-1）进行对数化处理得到式（7-2）：

$$\ln(I) = \ln a + b \ln P + c \ln A + d \ln T + \ln e \qquad (7-2)$$

在实际研究中，STIRPAT 模型既允许将各系数作为参数来进行估计，也允许对各影响因素进行适当的分解（Dietz and Rosa，1994）。根据研究目的和需要不同，STIRPAT 模型中的自变量 P、A、T 常被分解成若干个在概念上适合的其他解释变量，如 York 等（2003）在研究环境压力时用人口总量和经济生产人口两个变量作为解释变量 P 的代理变量。邵帅等（2010）用碳排放强度和碳排放总量作为被解释变量，将人口规模替换为投资规模，将技术变量替换为研发强度和能源效率，并加入能源消费结构变量和政策虚拟变量。何小钢和张耀辉（2012）将技术水平变量分解为投入型变量和产出型变量。此外，还有学者在研究中用众多影响因素合成模型中的技术变量（York et al.，2003）。

二、模型设定

本书拟借助 STIRPAT 模型的拓展形式定量分析绿色消费的影响因素。将绿色消费指数变化作为衡量环境影响的变量，用 ΔV 表示；将经济因素作为 STIRPAT 模型中衡量绿色消费富裕程度的变量，用 Eco 表示；将技术因素直接作为 STIRPAT 模型中的技术变量，用 Tec 表示；将生态环境作为 STIRPAT 模型中另一个变量，取代人口变量，用 Env 表示。u 表示个体固定效应，a 表示常数项，e 表示随机误差项，b、c、d 分别表示 Eco、Tec、Env 的系数，下标 i、t 分别表示各行政区和各年时间，从而构建拓展的绿色消费 STIRPAT 模型，如式（7-3）所示。

$$\Delta V_{it} = a + bEco_{it} + cTec_{it} + dEnv_{it} + u_i + e_{it} \qquad (7-3)$$

根据以上基准模型，基于 30 个行政区 2000～2017 年的面板数据，检验哪些因素对绿色消费发展有显著作用，哪些因素对绿色消费的经济效应、技术效应和生态效应有显著作用。

第二节
方法与数据

一、研究方法

本书采用贝叶斯模型平均法对影响绿色消费的因素进行实证检验。贝叶斯模型平均法（BMA）是 Leamer 于 1978 年提出的解决模型不确定性的分析方法，其原理是将所有的解释变量组成任意组合分别加入模型中进行回归得到一系列不同的模型参数，再将每个备择模型所估计参数进行加权平均，根据变量的后验概率大小排序确定它们各自对被解释变量的解释程度，从而确定应该加入模型中的解释变量（欧阳艳艳等，2020）。

首先，对于一般的多元线性模型来说，从模型潜在自变量 x_{it1}，…，x_{itk} 中随机选择任意 $k_j(0 \leq k_j \leq k)$ 个变量，构成一个由模型 M_j 确定的子回归模型：

$$M_j : \ln\alpha + X_j\beta^j$$

$$y = \ln\alpha + X_j\beta^j + \varepsilon \qquad \varepsilon_i \sim N(0, \sigma^2 \ln) \qquad (7-4)$$

其中，ln 表示由 l 构成的 n 维列向量，X_j 表示任意 k_j 个变量构成的 $n \times k_j$ 矩阵，β^j 表示对应的一个 k_j 维列向量构成的回归系数；由于各个自变量可以选择是否加入模型，M_j 所有可能模型的个数之和为 $J = 2^k$ 个。

贝叶斯模型平均法是将每个候选模型参数的后验估计概率先做加权平均，然后根据概率的大小确定入选的变量组合。在给定样本 $y = (y_1, …, y_n)^T$ 的条件下，计算一般多元线性模型中的参数向量 $\beta = (\beta_1, …, \beta_k)^T$ 的条件概率密度函数 $p(\beta/y)$ 为：

$$p(\beta/y) = \sum_{j=1}^{J} p(\beta^j/y, M_j) p(M_j/y) \qquad (7-5)$$

其中，$p(M_j/y)$ 表示给定 y 的条件下模型（7-4）中 $M_j(j=1, \cdots, j=2^k)$ 的后验概率，$p(\beta^j/y, M_j)$ 表示在 y 和 M_j 给定的条件下参数向量 β^j 的后验概率。因此，需要分别计算式（7-5）中的 $p(\beta^j/y, M_j)$ 和 $p(M_j/y)$。

其次，计算 $p(\beta^j/y, M_j)$。假设 α 和 σ 为无信息先验，即 $\alpha \propto 1$，$\sigma \propto \sigma^{-1}$，于是由式（7-4）的假定可得 M_j 对应的似然函数为：

$$p(y/\beta^j, \sigma, M_j) = (2\pi\sigma^2)^{-n/2} \exp\left[-\frac{1}{2\sigma^2}(y-X_j\beta^j)'(y-X_j\beta^j)\right] \qquad (7-6)$$

假设参数 β^j 的先验分布为：

$$\beta^j/\sigma, M_j \sim N[0, \sigma^2(gX'_jX_j)^{-1}] \qquad (7-7)$$

g 表示待定参数。结合式（7-6）和（7-7）可知：

$$p(\beta^j/y, \sigma, M_j) = \frac{p(y/\beta^j, \sigma, M_j) p(\beta^j/\sigma, M_j)}{\int p(y/\beta^j, \sigma, M_j) p(\beta^j/\sigma, M_j) d\beta^j} \qquad (7-8)$$

假设 $\sigma \propto \sigma^{-1}$，将式（7-8）式对标准差 σ 进行积分证明 β^j/y，M_j 服从一个自由度为 n 的多维 t 分布，即：

$$\beta^j/y, M_j \sim t(\mu_j, \sum\nolimits_j) \qquad (7-9)$$

设 $V_j = [(1+g)X'_jX_j]^{-1}$，$P_j = I_n - X_j(X'_jX_j)^{-1}X'_j$，则式（7-9）中 $\mu_j = E(\beta^j/y, M_j) = V_jX'_jy$，$\sum_j = \mathrm{Var}(\beta^j/y, M_j) = [y'P_jy + g(y-\bar{y}l_n)'(y-\bar{y}l_n)]V_j/(1+g)(n-2)$。

最后，计算 $p(M_j/y)$。利用式（7-8）和式（7-9）及假定 $\sigma \propto \sigma^{-1}$，可得到关于 y，β_j，(σ/M_j) 的分布：

$$p(y/M_j) \propto \left(\frac{g}{g+1}\right)^{\frac{j}{2}} \left[\frac{1}{g+1}y'P_jy + \frac{g}{g+1}(y-\bar{y}l_n)'(y-\bar{y}l_n)\right]^{-\frac{n-1}{2}}$$

可得：

$$p(y/M_j) = cp(y/M_j)p(M_j) \qquad (7-10)$$

c 由 $\sum_{j=1}^{J} p(M_j/y) = 1$ 确定，$p(M_j)$ 表示模型的先验概率。根据式（7-9）和式（7-10）的结果确定式（7-5）中的 $p(\beta/y)$。根据式（7-5）结果可计算出回归系数 $\beta = (\beta_1, \cdots, \beta_2)^T$ 的后验均值和方差分别为（柯忠义，2017）：

$$E(\beta|y)=\sum_{j=1}^{J}P(M_j|y)E(\beta^i|y,M_j)$$

$$\mathrm{Var}(\beta|y)=\sum_{j=1}^{J}P(M_j|y)\mathrm{Var}(\beta|y,M_j)+\sum_{j=1}^{J}P(M_j|y)[E(\beta|y,M_j)-E(\beta|y)]^2$$

参考柯忠义（2017）的研究，在实证模型的设定中将模型先验概率设定为随机概率，将参数先验概率设定为随机 g 型概率。

二、变量选取

根据有关环境经济学的一系列理论和假说以及上文对绿色消费指数的结构分解，影响绿色消费发展的因素主要可以划分为经济因素、技术因素和生态因素三方面，各因素的具体变量选取理由如下：

（一）绿色消费经济变量

根据环境库兹涅茨曲线假说，经济增长可能通过规模效应、技术效应、结构效应、收入效应的综合作用对绿色消费产生积极或者消极的影响。衡量经济因素的变量很多，为了更有效地避免内生性，需要与绿色消费指标体系中所有具体指标区分开来。绿色消费指标体系中相关指标重点为测度和评价绿色消费发展的水平，绿色消费影响因素分析中的变量着重衡量对绿色消费的影响。消费、投资、产业结构、城市化水平等是反映地区经济状况的重要维度，与绿色消费发展紧密相关（于成学和葛仁东，2016），可以用来衡量绿色消费经济因素，相应代理具体变量如下：

第一，社会消费品零售总额。从消费方面来说，社会消费品零售总额的高低可能对绿色消费有着直接影响。一方面，绿色消费属于较高层次消费，只有社会总消费水平达到一定数量后人们才可能追求绿色消费，促进绿色消费的发展；另一方面，有研究表明，社会消费品零售总额正向影响人均碳排放（李建豹等，2015），社会消费品零售总额过高可能影响绿色消费的发展。

第二，全社会固定资产投资。从投资方面来说，固定资产投资对于绿色消费相关产业建设有重要的推动作用，全社会固定资产投资水平对碳排放有直接影响，人均社会固定资产投资越高，人均碳排放越多（李建豹等，2015），消费的绿色化程度越低。因此，全社会固定资产投资可能对绿色消费发展产生负向影响。

第三，实际利用外商直接投资。实际利用外商直接投资也是反映投资的重要指标，一方面，外商尤其欧美发达国家高新企业技术更高、管理更为先进，可能在生产、运输、消费和使用后各环节绿色化程度更高，对我国绿色消费的发展具有一定的带动和示范作用（许和连和邓玉萍，2012），因此实际利用外商直接投资的数量也可能对绿色消费的发展产生影响。另一方面，由于自主创新不足，大量外资涌入使得我国过度依赖外国直接投资企业的技术，存在技术依赖和以技术换市场的运作方式，再加上片面追求经济增长，导致我国在经济发展过程中容易走"先污染后治理"的路子，反而阻碍了经济发展。

第四，第三产业就业人口占比。从产业结构来说，根据环境库兹涅茨曲线假说，经济增长通过结构效应促进产业结构转型升级。一般认为，第三产业越发达，产业绿色化程度越高，传统消费向绿色消费的转型升级可能伴随着第三产业就业人口占比相应提升。由此，可以用第三产业就业人口占比反映产业结构。新时期经济服务化趋势受信息化革命推动，这是产业结构升级的重要特征之一（干春晖等，2011），第三产业就业人口占比越高，绿色产业占比就越高、发展越好。

第五，城镇化率。从城市化水平来说，有研究表明，城镇化率是影响生态足迹的重要变量，生态足迹又是衡量地区绿色发展水平与趋势的重要指标（杨灿和朱玉林，2020），据此可以推测，城镇化率对绿色消费也有重要影响。一般来说，城镇化率越高，人们绿色消费习惯越好，绿色消费相关配套设施更为齐全，绿色消费的规章制度也更为完善。然而，城镇化也会带来相应的交通拥堵、生活垃圾处置等生态环境问题，因此，城镇化水平也可能是影响绿色消费的重要经济变量。

（二）绿色消费技术变量

根据技术决定理论和回弹效应理论，居民消费既可能因为技术进步降低对生态环境的影响，也可能因为技术进步带动经济增长导致消费加速扩大从而对环境造成更大冲击（回弹效应）。同理，为了更有效地避免内生性，绿色消费技术相关变量侧重于衡量技术投入和技术水平对绿色消费发展的影响。创新投入量、创新产出量等是反映地区创新技术水平的重要维度（李宪印等，2017），其与绿色消费发展紧密相关，可以用来衡量绿色消费技术因素，并相应找到其具体的代理变量如下：

第一，研究与试验发展（R&D）经费支出。从创新投入量来看，创新带来技术进步，内部视角技术竞争理论认为创新能力由创新资源的数量水平和质量高低决定，因此创新能力优势可以通过创新资源优势获得（田红娜等，2013）。R&D 投入可视为创新资源的代理变量，R&D 投入越高，可能获得的创新资源优势越大。绿色消费的发展离不开创新资源，R&D 投入越高，研发绿色消费相关产品的能力越高，绿色产品的供给门类越丰富、质量越好。因此，用 R&D 经费支出作为绿色消费技术变量的代理变量之一。

第二，滞后一期 R&D 支出。虽然 R&D 经费支出可以在一定程度上反映企业技术水平和其生产的产品技术含量的高低，但企业现有技术水平和能力不仅是由现在还包括以前的研发经费投入来决定。为了保证技术的成熟，R&D 投入必须经过较长时间的持续性投入才可能产生由"量变到质变"的效果，知识资本的累积特征不能仅以当期 R&D 支出作为代理变量，用 R&D 存量作为知识资本累积特征的代理变量更为合适（柯忠义，2017）。由于绿色产品和服务的研发往往需要较长时间的投入才可能产生显著性成效，即 R&D 投入对绿色消费发展存在成本效应，因此，引入滞后一期 R&D 支出作为解释变量可以更好地检验技术投入对绿色消费发展的影响。

第三，R&D 人员全时当量。李志青（2019）认为，资本、劳动力和自然资源之间可以相互替代，R&D 投入主要包括 R&D 费用和 R&D 人员两方面（李广培等，2018）。依靠技术进步的绿色消费发展不仅可以通过增加 R&D 经费支出来驱动，还可以通过增加研发投入工时来驱动，为了更准确地衡量绿色消费投入程度，可以用 R&D 人员全时当量表示 R&D 人员和 R&D 费用综合总支出。

第四，专利申请数。从创新产出量来看，研发投入不仅能衡量技术的投入端情况，还可以从产出端进行评价。在很多研究中，专利申请数常被用来代表创新的产出，有研究指出，单位工业生产总值污染排放量与专利申请数之间存在负相关关系（张彦博等，2015）。基于此，由于绿色产品和服务需要依靠大量的、持续性的高新技术应用，绿色消费的发展必然需要更多的专利作为支撑，因此，将专利申请数作为影响绿色消费的技术类代理变量。

第五，技术市场成交额。一些研究在技术创新的产出指标中包含了技术市场成交额（周小亮和吴武林，2018）。由于绿色消费相关产业的技术含量越来越高，需要产业链上相关企业交流配合，必然催生了更大的技术市场成交额，技术市场成交额越大，相应绿色消费技术研发越活跃，绿色消费市场发展越好。因此，将技术市场成交额作为衡量绿色消费的技术变量是必要的。

（三）绿色消费生态变量

根据需求层次理论，人们需要良好的生活环境，宜居的生态环境往往是绿色消费的基础性条件，生态环境条件对绿色消费发展具有重要影响。生态环境治理管制既可能对私人经济部门产生"挤出效应"抑制经济增长，还可能通过提高人们环保意识和生产效率促进经济增长。因此，有必要检验生态因素是否对绿色消费经济效应产生抑制作用。同样地，为了更有效地避免内生性，相关变量侧重生态环境因素对绿色消费的影响。有研究认为，生态环境治理包括"污染控制""生态修复""人与自然关系修复"三个阶段（朱伟等，2015）。本书借鉴这一思路，将反映地区绿色消费相关生态状况的维度划分为污染控制、生态修复、人与自然关系修复三方面，对相应找到其具体的代理变量如下：

第一，工业污染治理投资完成额。从污染控制来看，有研究将各地区工业污染治理投资完成额作为环境规制的变量（雷明和虞晓雯，2013）。工业污染治理投资完成额越高表明当地生态环境治理强度越大，为绿色消费创造了良好的生态环境，因此将工业污染治理投资完成额作为影响绿色消费的生态条件变量。

第二，造林总面积。从生态修复看，造林总面积可以反映陆地物种和生态系统的可持续性（朱婧等，2018）。因为林木是可再生资源，造林面积既反映了当地的绿色环境水平，相对于森林覆盖率等存量指标，也更能体现政府对绿色生态环境的改造努力程度。因此，将造林总面积作为影响绿色消费的生态条件变量较为合适。

第三，工业固体废物综合利用率。从人与自然关系修复看，既然废弃物是生产生活中不可避免的产物，就应该想办法将废弃物加以循环利用，实现人与自然关系的修复，使两者和谐共生。借鉴王亲等（2012）有关环境治理效率产出指标体系的研究，用工业固体废物综合利用率（工业固体废物综合利用量占工业固体废物产生量的比重）作为环境产出的代理变量来反映可利用的固体废物量提取和回收利用水平（王鹏和谢丽文，2014）。工业固体废物综合利用率越高，说明人们生产过程中对生态环境的影响越小，经济发展和生态环境保护之间的关系越和谐，因此将工业固体废物综合利用率作为影响绿色消费的生态条件变量较为合适。

本书的因变量为绿色消费指数变化和绿色消费经济效应值、技术效应值、生态效应值。绿色消费指数反映绿色消费发展整体水平。绿色消费经济效应值反映经济增长对绿色消费的驱动作用。绿色消费技术效应值反映技术进步对绿色消费的驱动作用。绿色消费生态效应值反映生态环境对绿色消费的驱动作用。各因变量均为上文中计算的已知变量。本书用绿色消费指数作为因变量测度影响绿色消费的因素有哪些，用绿色消费经济效应值、技术效应值、生态效应值作为因变量测度影响各分效应的因素有哪些。

三、数据来源

绿色消费指数变量和绿色消费的经济效应、技术效应、生态效应指标均由上文计算得出。R&D 人员全时当量、专利申请数、R&D 经费支出、社会消费品零售总额、技术市场成交额、全社会固定资产投资、第三产业就业人口占比、实际利用外商直接投资、城镇化率、造林总面积、工业固体废物综合利用率、工业污染治理投资完成额等指标的数据来自历年《中国统计年鉴》《科技经费投入统计公报》《中国科技统计年鉴》《中国环境年鉴》。本节选取 2001~2017 年各省份的面板数据，补齐处理个别缺失数据，变量的描述性统计结果如表 7-1 所示。

表 7-1　相关变量的描述性统计分析

变量类型	变量	变量缩写	最小值	最大值	均值	标准差
因变量	绿色消费	ΔV	-5.892	26.426	7.464	7.250
	经济效应值	Eco	-2.252	202.126	92.316	54.252
	技术效应值	Tec	-294.334	73.279	-76.425	65.514
	生态效应值	Env	-152.764	188.788	-8.207	46.436
自变量	社会消费品零售总额(亿元)	TRS	90.400	38200.100	5372.828	6056.805
	全社会固定资产投资(亿元)	IFA	191.080	55202.720	9010.370	9868.842
	第三产业就业人口占比(%)	EPI	0.117	0.806	0.351	0.104
	实际利用外商直接投资(亿美元)	FDI	99.302	225732.223	37889.213	44583.243
	城镇化率(%)	CIT	0.245	89.600	40.360	25.601
	R&D 人员全时当量(万人年)	RDP	848.000	565287.000	79688.242	97578.428

续表

变量 类型	变量	变量 缩写	最小值	最大值	均值	标准差
自变量	专利申请数(件)	PAT	70.000	332652.000	23439.153	45594.984
	R&D经费支出(亿元)	RD	0.800	2343.600	242.687	370.507
	R&D经费支出滞后项(亿元)	RDL	0.786	2035.100	209.926	328.547
	科研经费内部支出(亿元)	RDI	0.846	2343.628	242.727	370.593
	技术市场成交额(亿元)	TMK	0.060	4486.887	151.432	418.366
	造林总面积(千公顷)	FOR	0.710	907.398	195.768	174.071
	工业固体废物综合利用率(%)	IWU	0.194	1.130	0.652	0.210
	工业污染治理投资完成额(亿元)	IPC	0.192	141.646	20.171	17.144

注：样本数=510。

第三节

实证检验

本书共有14个解释变量，模型空间共有 $2^{14}=16384$ 个模型，分别对16384个模型进行估计，根据估计结果得出各个变量出现的概率。目前，由于学界对该方法运用的概率显著性尚未有统一的规定，本书参考已有文献(柯忠义，2017；欧阳艳艳等，2020)，发现后验概率值越大，其包含在正确模型中的可能性就越高，模型解释力相应更强。一般来说，后验概率大于50%的变量具有较好的解释能力，后验概率小于50%的变量则视为解释力较弱。为保证检验结果的显著性，本书选取0.6作为概率的判断标准，即某一解释变量包含在正确模型中的概率大于60%视为具有较好的解释力，这一标准较国内现有研究的自定标准更为严格。

一、影响因素检验

各个解释变量包含在正确模型中的概率大于60%用 * 表示，具体结果如表7-2所示。

表 7-2　BMA 绿色消费影响因素分析结果

变量类型	变量	变量缩写	后验概率	后验均值
经济变量	社会消费品零售总额	TRS*	1.0000	1.5342
	全社会固定资产投资	IFA*	0.8862	-0.3799
	第三产业就业人口占比	EPI*	0.6068	-0.1725
	实际利用外商直接投资	FDI	0.0656	0.0047
	城镇化率	CIT*	0.9997	-0.1876
技术变量	R&D 人员全时当量	RDP*	0.9677	-0.5098
	专利申请数	PAT	0.1591	-0.0400
	R&D 经费支出	RD	0.0917	0.0300
	R&D 经费支出滞后项	RDL*	0.9540	0.7933
	技术市场成交额	TMK	0.0485	0.0013
生态变量	造林总面积	FOR	0.0475	0.0010
	工业固体废物综合利用率	IWU	0.0502	0.0013
	工业污染治理投资完成额	IPC	0.0918	0.0039

　　在绿色消费经济影响因素中，消费水平对绿色消费发展有促进作用，投资、产业结构和城市化水平对绿色消费发展有抑制作用。社会消费品零售总额后验概率为 1，且为正值，说明绿色消费的发展需要一定的消费水平作为数量基础。绿色消费是较高层次的消费形式，社会消费品零售总额水平越高，越可能产生绿色消费。全社会固定资产投资对绿色消费发展的影响显著为负，说明过去一段时间社会固定资产投资并未直接作用于绿色消费产业相关领域，同时，其他产业发展过程中由于对资源的消耗和环境的影响，可能会带来对绿色消费发展的抑制。城镇化率对绿色消费发展的影响显著为负，可能由于城市的发展强度超过了城市本身所具备的环境承载力(李志青，2019)，如城市生活垃圾处理能力有限、废气和废水排放过量、交通出行拥堵等造成绿色消费发展受制约，说明我国城镇绿色消费发展和生产、生活相关配套不协调。第三产业就业人口占比对绿色消费的影响为负值，说明我国第三产业占比还不够高，第三产业主要是劳动力集聚型，其绿色特征不明显，依然对生态环境等有较大影响，这也启示了我国绿色消费的发展不应简单降低第二产业比重和从业人数或者提升第三产业比重和从业人数，更应该注重产业发展的绿色化程度。

在绿色消费技术影响因素中，创新投入量对绿色消费发展有显著影响，且研发投入具有"成本效应"。R&D 人员全时当量、R&D 经费支出滞后项对绿色消费的后验概率都超过了 0.6。其中，R&D 人员全时当量后验均值为负值，但 R&D 经费支出滞后项显著为正，说明绿色消费相关技术在当期具有成本效应。研发往往需要较多投入，占用较多资源，前期研发投入对未来绿色消费的提升有显著正向影响。

在绿色消费生态影响因素中，各因素对绿色消费发展的影响均不显著。这可能是因为以上生态因素变量与绿色消费之间存在较强相关性，将在后文中进一步就变量的内生性问题进行讨论。

综上所述，在绿色消费总效应影响因素分析中，经济和技术因素对我国绿色消费发展影响显著。消费数量水平是我国绿色消费发展的重要基础，投资、产业结构和城市化水平对我国绿色消费发展有抑制作用；创新投入量对我国绿色消费发展有显著影响，且研发投入具有"成本效应"。

二、分效应影响因素检验

不同解释变量对绿色消费不同效应的作用必然有所差异，进一步地，分析绿色消费的经济效应、技术效应、生态效应等的影响因素。

（一）绿色消费经济效应影响因素分析

以绿色消费指数结构分解中计算得到的绿色消费经济效应值作为被解释变量，分析绿色消费经济效应影响因素，结果如表 7-3 所示。其中，各个解释变量包含在正确模型中的概率大于 60% 依然用 * 表示（下文均采用这一标准）。总体上看，绿色消费经济效应相较于绿色消费总体水平的各影响因素更为显著。

表 7-3　BMA 绿色消费经济效应影响因素分析结果

变量类型	变量	变量缩写	后验概率	后验均值
经济变量	社会消费品零售总额	TRS	0.1343	−0.0101
	全社会固定资产投资	IFA *	1.0000	0.4520
	第三产业就业人口占比	EPI	0.4074	0.0481
	实际利用外商直接投资	FDI	0.1157	0.0011
	城镇化率	CIT *	1.0000	0.2496

续表

变量类型	变量	变量缩写	后验概率	后验均值
技术变量	R&D 人员全时当量	RDP*	0.9993	-0.4316
	专利申请数	PAT*	0.9448	-0.2342
	R&D 经费支出	RD*	1.0000	1.4723
	R&D 经费支出滞后项	RDL*	0.7051	-0.3632
	技术市场成交额	TMK	0.1581	0.0058
生态变量	造林总面积	FOR*	0.9732	-0.0936
	工业固体废物综合利用率	IWU*	0.6890	0.0566
	工业污染治理投资完成额	IPC*	1.0000	-0.1338

在绿色消费经济影响因素中，投资、城市化水平对绿色消费经济效应有正向促进作用。由于规模效应影响，投资、城市化水平虽然对绿色消费发展有抑制作用，但对绿色消费经济效应的影响是正向积极的。全社会固定资产投资后验均值达到 0.4520，是各经济因素变量中作用最大的因素，城镇化进程也是促进我国绿色消费经济效应增长的重要动力之一，其后验均值达到 0.2496。

在绿色消费技术影响因素中，创新投入量和创新产出量对绿色消费技术效应有负向影响。R&D 人员全时当量、专利申请数等变量的后验均值为负，说明研发投入对经济增长也有成本效应，在一定程度上挤占了经济增长的资源。

在绿色消费生态影响因素中，环境水平、当前治理程度、循环利用率等因素对经济效应的影响均显著，生态环境治理既存在"挤出效应"，也会促进地区生态环境提升。其中，造林总面积和工业污染治理投资完成额对绿色消费经济效应影响为负，说明由于生态环境治理管制挤占了经济增长的资源，从而对其他私人经济部门产生"挤出效应"，抑制了经济增长；与此同时，工业固体废物综合利用率对绿色消费经济效应影响为正，说明根据"波特假定"，生态环境治理管制确实能够通过提高生产效率等方式促进经济增长。同样，生态变量可能与绿色消费经济效应存在相关性，为解决内生性问题，后文将通过工具变量等方式开展进一步检验。

（二）绿色消费技术效应影响因素分析

各因素对绿色消费技术效应影响均不显著，说明技术进步依然是我国绿色消费发展的一大"瓶颈",研发投入、经济刺激和环境管制等措施对绿色消费相关技术提升影响十分有限。我国应该着力于绿色产业链上少数核心关键技术的攻关,推动实现绿色消费技术由"0"到"1"的质变。

(三)绿色消费生态效应影响因素分析

以绿色消费指数结构分解中计算得到的绿色消费生态效应值作为被解释变量,分析绿色消费生态效应影响因素,结果如表7-4所示。

表7-4 BMA绿色消费生态效应影响因素分析结果

变量类型	变量	变量缩写	后验概率	后验均值
经济变量	社会消费品零售总额	TRS	0.0655	−0.0117
	全社会固定资产投资	IFA	0.0518	−0.0039
	第三产业就业人口占比	EPI	0.0835	0.0123
	实际利用外商直接投资	FDI	0.1785	0.0284
	城镇化率	CIT	0.0393	0.0003
技术变量	R&D人员全时当量	RDP*	1.0000	−1.8173
	专利申请数	PAT*	0.9954	0.5153
	R&D经费支出	RD*	0.8419	0.5915
	R&D经费支出滞后项	RDL	0.1916	0.0973
	技术市场成交额	TMK*	1.0000	−0.4315
生态变量	造林总面积	FOR	0.0380	0.0001
	工业固体废物综合利用率	IWU*	0.9999	0.3100
	工业污染治理投资完成额	IPC	0.0626	0.0024

在绿色消费经济影响因素中,各经济变量对生态效应的影响不显著。社会消费品零售总额、全社会固定资产投资、第三产业就业人口占比、实际利用外商直接投资、城镇化率等变量对生态环境的影响均不显著,说明经济的增长对绿色消费的生态环境的提升作用有限。

在绿色消费技术影响因素中,创新投入量、创新产出量、创新流通量对绿色消费生态效应的影响均显著,且技术进步引致了"回弹效应"。根据技术决定理论,技术手段可以有效减轻人类消费活动对生态环境的影响,同时提升人们的生活水平,R&D经费支出和专利申请数的后验均值均显著为正,说明创新投入和产出确实对生态环境有正向作用。然而,R&D人员全时当量和各省技术市场成交额对绿色消费生态效应的影响显著为负，根据回弹效应理论，可能是技术提升带来生产和消费效率提高，带动了经济增长，从而有足够财力物力应对生态环境压力带来的资金和资源约束，在一定程度上促使人们扩大消费，造成了新的生态环境压力。

在绿色消费生态影响因素中，循环利用率对绿色消费生态效应具有正向影响。工业固体废物综合利用率对于生态环境具有正向显著作用，说明加强工业废物循环利用率能有效节约资源和保护环境。

第四节
稳健性检验

一、方法与变量

贝叶斯模型平均法有效解决了模型不确定性的问题，但对解决内生性问题还存在不足。针对双向因果引起的内生性问题，Lenkoski 等（2013）提出了两阶段贝叶斯模型平均法（2SBMA）。通过选取合适的工具变量，可以解决贝叶斯模型平均法在估计过程中产生的内生性问题。两阶段贝叶斯模型平均法在两个阶段的模型 M_i 和 L_j 中同时考虑模型不确定性，对于模型中 M_i 和 L_j 的条件概率密度函数为：

$$p(M_i, L_j|Y) = p(L_j|M_i, Y)p(M_i|Y) \tag{7-11}$$

其中，i 表示第一阶段第 i 个模型，j 表示第二阶段第 j 个模型。第二阶段模型 L_j 的概率依赖于第一阶段模型 M_i 的选择。令 $v_{i,j}$ 为第一阶段模型 M_i 既定情况下第二阶段模型 M_i 的概率：

$$\widetilde{\beta}^{2SBMA} = \sum_{i=1}^{I} \sum_{j=1}^{J} \pi_i v_{i,j} \widetilde{\beta}(i, j) \tag{7-12}$$

π_i 表示第一阶段模型 i 的概率，$\widetilde{\beta}(i, j)$ 表示在第一阶段模型 M_i 和第二阶段模型 L_j 的情况下的变量系数（欧阳艳艳，2020）。

根据上文分析，影响绿色消费发展的因素主要有经济水平、科学技术和生态环境等。然而，绿色消费显然有可能对生态环境产生影响，存在双向因果问题。本书尝试借助工具变量来降低双向因果造成的内生性问题。

上文的解释变量中，生态变量有造林总面积、工业固体废物综合利用率、工业污染治理投资完成额。由此，选取地表水与地下水重复量、水资源总量、地表水资源量、一般公共预算收入、税收收入、国有企业年末从业人员数、国有企业户数等变量作为生态变量的工具变量。造林和地表水与地下水重复量、水资源总量、地表水资源量等因素都息息相关，水资源越丰富的地区造林相对越容易，但水资源丰富程度和绿色消费水平并不直接相关。一般认为，国有企业受到的环境规制约束更严格，国有企业的工业固体废物综合利用率相对更高，因此国有企业年末从业人员数、国有企业户数等表示国有企业体量的指标与生态变量工业固体废物综合利用率相关，但国有企业数量和从业人员数量与绿色消费水平无关。工业污染治理投资完成额受到财政收入的影响，财政收入相关指标与绿色消费水平不相干，因此，一般公共预算收入、税收收入可以作为工具变量。

2001～2017年，各省级行政区的地表水与地下水重复量、水资源总量、地表水资源量、一般公共预算收入、税收收入、国有企业年末从业人员数、国有企业户数等指标均来自历年《国家统计年鉴》《中国环境年鉴》等。

二、检验结果

（一）绿色消费总效应影响因素分析

采用2001～2017年的全样本回归，加入经济变量、技术变量和生态变量同时考虑个体和时间固定效应，绿色消费影响因素的两阶段贝叶斯模型平均法（2SBMA）结果如表7-5所示。

表7-5　2SBMA绿色消费影响因素分析结果

变量类型	变量	变量缩写	后验概率	后验均值
经济变量	社会消费品零售总额	TRS	0.2844	0.0401
	全社会固定资产投资	IFA*	0.9966	0.2024
	第三产业就业人口占比	EPI	0.5911	-0.5203
	实际利用外商直接投资	FDI	0.5811	-0.0894
	城镇化率	CIT*	0.6522	0.1302

续表

变量类型	变量	变量缩写	后验概率	后验均值
技术变量	R&D 人员全时当量	RDP	0.0244	−0.000
	专利申请数	PAT	0.0000	0.0000
	R&D 经费支出	RD*	0.9022	0.3228
	R&D 经费支出滞后项	RDL	0.2167	0.0279
	技术市场成交额	TMK	0.4978	0.0152
生态变量	造林总面积	FOR	0.0000	0.0000
	工业固体废物综合利用率	IWU	0.3311	4.7818
	工业污染治理投资完成额	IPC	0.4589	−0.0769

在绿色消费经济影响因素中，投资和城市化水平对绿色消费发展有促进作用。全社会固定资产投资后验概率接近1，且后验均值为正值，说明绿色消费的发展需要一定的投资拉动，绿色消费是较高层次的消费形式，需要一定水平的投资推动与绿色消费相配套的基础设施建设。城镇化率对绿色消费发展的影响显著为正，说明在城镇化进程中城市的发展与城市本身所具备的环境承载力相契合，城镇化有利于绿色消费发展。

在绿色消费技术影响因素中，创新投入量对绿色消费发展有显著影响，且研发投入存在"成本效应"。R&D 经费支出对绿色消费的后验概率超过了 0.9，后验均值为 0.3228，说明 R&D 经费支出提升有利于绿色消费发展。科研经费内部支出后验均值为负值，由于科研经费内部支出指的是企业用于科技活动的实际支出，不包括生产性活动支出等，说明对于企业来说，绿色消费相关技术研发投入在当期具有成本效应，占用了企业较多资源，前期研发投入对未来绿色消费的提升有显著负向影响。

在绿色消费生态影响因素中，各因素对绿色消费发展的影响的后验均值均小于 60%，说明各因素在污染控制、生态修复和人与自然关系修复等方面对绿色消费的拉动作用还存在不足，但污染控制比生态修复和人与自然关系修复对绿色消费发展要更为有效。

（二）绿色消费分效应影响因素分析

（1）经济效应影响因素分析

通过两阶段贝叶斯模型平均法进一步分析绿色消费分效应影响因素。经济、技术和生态因素对绿色消费的经济效应影响显著（见表 7-6）。

表 7-6　2SBMA 绿色消费经济效应影响因素分析结果

变量类型	变量	变量缩写	后验概率	后验均值
经济变量	社会消费品零售总额	TRS	0.3544	0.0222
	全社会固定资产投资	IFA *	1.0000	0.6115
	第三产业就业人口占比	EPI *	0.9744	0.9583
	实际利用外商直接投资	FDI	0.1489	−0.0064
	城镇化率	CIT	0.0978	0.0070
技术变量	R&D 人员全时当量	RDP	0.0000	0.0000
	专利申请数	PAT	0.0000	0.0000
	R&D 经费支出	RD	0.2689	−0.0234
	R&D 经费支出滞后项	RDL	0.5577	0.0434
	技术市场成交额	TMK	0.0000	0.0000
生态变量	造林总面积	FOR *	0.9867	−0.2263
	工业固体废物综合利用率	IWU	0.1222	0.0004
	工业污染治理投资完成额	IPC	0.0000	0.0000

从经济因素看，投资和产业结构对绿色消费经济效应有正向促进作用。全社会固定资产投资对绿色消费经济效应影响为正向显著。全社会固定资产投资的后验概率为 1，说明投资是促进绿色消费经济效应的最主要贡献力量。第三产业就业人口占比对绿色消费经济效应影响也是正向显著，说明产业结构尤其是服务业产业对绿色消费发展具有重要促进作用。

从技术因素看，在绿色消费技术影响因素中，以科研经费内部支出为代表的创新投入量对绿色消费经济效应有负向影响作用，说明研发投入对经济增长也具有"成本效应"，在一定程度上挤占了企业业务增长的资源。

从生态因素看，生态修复对经济效应的影响为负向显著。通过工具变量解决了生态变量与绿色消费经济效应的内生性问题，造林总面积对绿色消费的经济效应有显著负向影响，说明对生态环境修复可能挤占经济增长的资源，从而对私人经济部门产生"挤出效应"，阻碍当前经济增长。

（2）技术效应影响因素分析

通过两阶段贝叶斯模型平均法（2SBMA）分析各因素对绿色消费技术效应的影响，部分经济、技术和生态因素对绿色消费的技术效应影响显著（见表 7-7）。

表 7-7　2SBMA 绿色消费技术效应影响因素分析结果

变量类型	变量	变量缩写	后验概率	后验均值
经济变量	社会消费品零售总额	TRS*	1.0000	0.2847
	全社会固定资产投资	IFA	0.0556	0.0078
	第三产业就业人口占比	EPI*	0.7089	−0.6415
	实际利用外商直接投资	FDI*	1.0000	0.2006
	城镇化率	CIT	0.1911	0.0350
技术变量	R&D 人员全时当量	RDP	0.2289	0.0130
	专利申请数	PAT	0.0944	0.0009
	R&D 经费支出	RD	0.3711	−0.0807
	R&D 经费支出滞后项	RDL	0.4444	−0.0158
	技术市场成交额	TMK	0.0000	0.0000
生态变量	造林总面积	FOR*	0.7889	0.1501
	工业固体废物综合利用率	IWU	0.4478	−0.0564
	工业污染治理投资完成额	IPC	0.0000	0.0000

在绿色消费经济影响因素中，消费、投资水平对绿色消费技术效应有促进作用，产业结构则起抑制作用。社会消费品零售总额和实际利用外商直接投资的后验概率均为 1，且后验均值为正值，说明由于绿色消费对技术要求相对较高，绿色消费技术效应提升既需要一定的消费数量作为基础，也需要一定的投资尤其是具有先进技术的外商投资发挥驱动作用。第三产业就业人口占比对绿色消费的技术效应有显著负向影响，说明过去十几年我国第三产业的技术水平还较低，随着这些产业的规模扩大对绿色消费技术效应会产生消极影响。

在绿色消费技术影响因素中，以科研经费内部支出为代表的创新投入量对绿色消费发展有显著负向影响。说明绿色消费技术上的研发投入具有"成本效应"，一定程度的研发投入可能会推动绿色消费提升。

在绿色消费生态影响因素中，生态修复对绿色消费技术效应的提升影响显著，说明生态修复对绿色消费技术的拉动作用有效。

（3）生态效应影响因素分析

通过两阶段贝叶斯模型平均法（2SBMA）分析绿色消费生态效应影响因素，相较于贝叶斯模型平均法（BMA），部分经济、技术和生态因素对绿色消费的生态效应影响显著(见表7-8)。

表7-8　2SBMA 绿色消费生态效应影响因素分析结果

变量类型	变量	变量缩写	后验概率	后验均值
经济变量	社会消费品零售总额	TRS	0.4400	0.0916
	全社会固定资产投资	IFA*	0.7922	0.2686
	第三产业就业人口占比	EPI*	0.6411	−0.6808
	实际利用外商直接投资	FDI*	0.8467	0.1267
	城镇化率	CIT	0.0656	0.0017
技术变量	R&D 人员全时当量	RDP	0.0333	0.0017
	专利申请数	PAT	0.1000	0.0029
	R&D 经费支出	RD	0.0000	0.0000
	R&D 经费支出滞后项	RDL	0.4633	−0.0568
	技术市场成交额	TMK	0.1567	−0.0060
生态变量	造林总面积	FOR	0.0767	0.0025
	工业固体废物综合利用率	IWU*	0.7700	0.6814
	工业污染治理投资完成额	IPC	0.1589	0.0036

　　从经济因素看,投资和产业结构对绿色消费生态效应影响显著。其中,全社会固定资产投资和实际利用外商直接投资对绿色消费的生态效应有显著正向影响。根据环境库兹涅茨假说,经济水平提升可能会通过技术升级或者产业结构优化对环境产生积极作用,外商资金和企业进入我国市场带来先进的绿色技术、促进了国内相关产业结构升级,优化了我国绿色消费生态环境。第三产业就业人口占比对绿色消费的生态效应有显著负向影响,说明我国第三产业中绿色环保含量还比较低,随着产业规模扩大,高能耗、高污染现象会对生态环境产生消极影响。

　　从技术因素看,创新投入对绿色消费生态效应有显著负向影响。科研经费内部支出对绿色消费生态效应有正向显著影响,即科研经费内部支出增加1%,绿色消费的生态效应降低0.2611%。说明技术进步产生"回弹效应"。随着技术不断进步,经济水平不断提升,由于资金和资源的充裕促使人们扩大消费,造成了更大的生态环境压力。

　　从生态因素看,人与自然关系的修复对于绿色消费生态效应具有正向显著作用。工业固体废物综合利用率越高,绿色消费的生态效应提升越多。

(三)结论与启示

综上所述,根据两阶段贝叶斯模型平均法(2SBMA)对绿色消费总效应和分效应的影响因素分析可以得出一些一般性的结论(见图7-1):

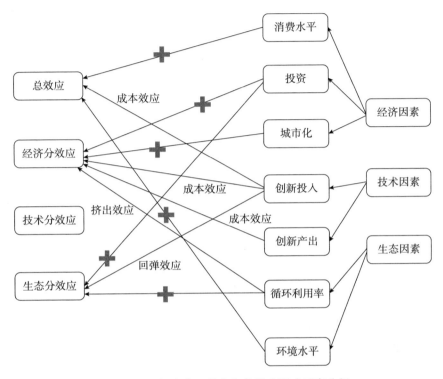

图7-1 绿色消费总效应和分效应影响因素分析

在绿色消费总效应影响因素分析中,经济因素和技术因素对我国绿色消费发展影响显著。投资和城市化对我国绿色消费发展具有重要拉动作用;创新投入量对我国绿色消费发展有显著影响,且研发投入具有"成本效应"。

第一,从总效应看,消费水平和环境水平是绿色消费发展的基础,也是重要促进因素,创新投入对绿色消费发展有显著影响,并表现出"成本效应"。由此可见,绿色消费的发展离不开坚实的消费数量基础和优良的消费环境,创新投入虽然短期内对绿色消费发展作用有限,但从长期来看,不断累积的创新投入对于绿色消费发展积极有效。

第二,从经济分效应看,投资、城市化对绿色消费经济效应有正向促进作用；由于"成本效应"创新投入量和创新产出量对绿色消费技术效应有负向影响作用；提升工业过程中的循环利用率对绿色消费的经济效应有显著负向影响，这可能是因为生态环境治理挤占了经济增长的资源，从而对私人经济部门产生"挤出效应"。由此可见，加强投资和加快城市化进程对于更好地发挥我国绿色消费经济增长动能十分关键；短期内创新投入可能会影响经济增速，但从长期来看创新投入对于经济增长有促进作用。

第三，从技术分效应看，各因素对绿色消费技术效应影响均不显著。过去一段时间我国经济、技术和生态环境等各类因素对绿色消费技术效应的提升作用有限。未来要注重加深产学研一体化程度，打通技术研发到运用之间的"堵点"。探究提升我国绿色消费相关技术的有效路径，是今后我国绿色消费事业发展的关键。

第四，从生态分效应看，增加投资能够通过技术提升或者优化产业结构对绿色消费生态环境产生显著正向影响；由于技术进步带动经济增长从而拉动消费造成更大的生态环境压力（回弹效应），因此创新投入对绿色消费生态效应产生消极影响；提升循环利用率对绿色消费生态效应具有显著正向影响。由此可见，保护生态环境直接有效的办法是强化资源的循环利用，单纯增加投资提速经济可能会造成资源的过度消耗和浪费，政府应通过鼓励高新企业投资来优化产业结构促进生态环境提升，为绿色消费发展创造良好的生态环境。

第五节
本章小结

首先，本章借助 STIRPAT 模型的拓展形式定量分析绿色消费的影响因素。将经济、技术和生态等因素纳入模型，分别选取多个可能影响我国绿色消费发展的经济、技术和生态的变量，构建 30 个省级行政区 2001~2017 年的面板数据模型。其次，为有效解决模型不确定性问题，采用贝叶斯模型平均法（BMA）分别对影响绿色消费总效应和分效应（绿色消费经济效应、技术效应、生态效应）的因素进行估计。最后，为了有效解决模型中可能存在的内生性问题，通过引入与绿色消费生态变量相关的工具变量，采用两阶段贝叶斯模型平均法对影响绿色消费总效应和分效应的因素进行稳健性检验。

研究发现，两阶段贝叶斯模型平均法（2SBMA）与贝叶斯模型平均法（BMA）估计结果基本一致。

从总效应看，消费水平和环境水平是绿色消费发展的基础，也是重要促进因素，创新投入对绿色消费发展有显著影响，并表现出"成本效应"。由此可见，绿色消费的发展离不开坚实的消费数量基础和优良的消费环境，创新投入虽然短期内对绿色消费发展作用有限，但从长期来看，不断累积的创新投入对于绿色消费发展积极有效。

从经济分效应看，投资、城市化对绿色消费经济效应有正向促进作用；由于"成本效应"创新投入量和创新产出量对绿色消费技术效应有负向影响作用；提升工业过程中的循环利用率对绿色消费的经济效应有负向显著影响，这可能是因为生态环境治理挤占了经济增长的资源，从而对私人经济部门产生"挤出效应"。由此可见，加强投资和加快城市化进程对于更好地发挥我国绿色消费经济增长动能十分关键；短期内创新投入可能会影响经济增速，但从长期来看创新投入对于经济增长有促进作用。

从技术分效应看，各因素对绿色消费技术效应影响均不显著。过去一段时间，我国经济、技术和生态环境等各类因素对绿色消费技术效应的提升作用有限。未来要注重加深产学研一体化程度，打通技术研发到运用之间的"堵点"，探究提升我国绿色消费相关技术的有效路径。

从生态分效应看，增加投资能够通过技术提升或者优化产业结构对绿色消费生态环境产生正向显著影响；由于技术进步带动经济增长从而拉动消费造成更大的生态环境压力（回弹效应），因此创新投入对绿色消费生态效应产生消极影响；提升循环利用率对于绿色消费生态效应具有正向显著影响。可见，保护生态环境直接有效的办法是强化资源的循环利用，单纯增加投资提速经济可能会造成资源的过度消耗和浪费，政府应通过鼓励高新企业投资来优化产业结构促进生态环境提升，为绿色消费发展创造良好的生态环境。

环境认知对绿色消费行为的影响

从宏观视角上看，发展绿色消费对于消费提质扩容和保护生态环境具有重要的现实意义，但绿色消费最终还是要靠居民日常消费行为来实现，因此，从微观视角分析居民绿色消费行为机制是对宏观视角分析的重要补充。随着供给端的发展，绿色商品逐渐丰富，需求端成为制约绿色消费行为的重要因素，尤其是人们的环境认知对于了解绿色消费行为的影响至关重要。基于微观视角，本章以计划行为理论模型框架为基础，运用多层线性分析法和中国综合社会调查（CGSS2010）①微观数据检验环境认知对消费者做出绿色消费行为的影响及路径机制。本章试图提供一个包含环境认知因素的分析绿色消费行为的系统性机制框架，检验环境认知对于绿色消费行为的具体影响，并分析不同地区人们绿色消费行为受相关因素影响的差异性。

第一节
理论基础

社会整体绿色消费水平由众多个体日常消费具体行为构成，具有很强的个体特征，很多绿色消费行为的研究也都是从微观视角开展（Paçoa et al.，2019；Choi and Johnson，2019）。已有研究认为，个体的绿色消费行为主要受消费主体（消费者）和消费客体（产品及服务）两方面因素影响：消费主体因素包括消费者的环境态度（Mamun et al.，2018），消费者对社会、政治和法律变化的感知（Leonidou et al.，2010），消费者的支付能力和意愿（Steg and Vlek，2009）；消费客体因素包括产品生态标签（Chen，2010）、绿色产品质量（Joshi and Rahman，2015）、绿色产品可得性（Vermeir and Verbeke，2006）。然而，除了消费者的环境态度以外，以上大多数因素都受客观经济和技术发展水平制约，而消费者的环境态度往往受自身环境认知的影响。环境认知是指人对环境刺激的储存、加工、理解以及重新组

---

① 注：2010 年的调查有专门针对环境问题的研究板块。

合，从而识别和理解环境的过程（张连刚，2010）。已有研究认为，环境认知与环境行为关系密切（师硕等，2017），如果从消费角度来看，环境认知代表消费者对环境和导致环境观点变化的具有显著生态影响的基本关系的了解。然而，由于绿色消费行为存在态度—行为的不一致性等原因，消费者最终做出绿色消费行为的决策机制十分复杂，尤其在考虑环境认知的情况下，环境认知到底如何影响绿色消费行为的机制尚不明确，有待进一步补充完善。

许多学者在分析个体行为影响因素和主要机制的研究中常常采用计划行为理论模型。计划行为理论由 Lcek Ajzen 提出，是对理性行为理论（TRA）的深化与拓展。理性行为理论假设个体是理性的，但行为意愿受其对行为的态度和外界主观准则的影响（Fishbein and Ajzen，1975）。计划行为理论认为，个体行为除了受个体态度和主观准则的影响以外，还要受个体对于实现行为难易程度的感知，即感知行为控制的影响。随着有关消费研究的不断深入，通过对计划行为理论模型的拓展，能够更好地解释个体消费行为产生的机制。

很多研究也借助计划行为理论模型来检验个体绿色消费行为的影响机制。盛光华等（2019）采用 TPB 拓展模型，发现消费者生态价值观和个人感知相关性可能会影响个体的绿色消费意愿；Chen 和 Tung（2015）采用 TPB 拓展模型发现个体对环境的关心使其倾向于选择绿色酒店进行消费；Yadav 和 Pathak 等（2017）利用 TPB 拓展模型，指出感知价值和支付溢价的意愿对于绿色消费也有重要的促进作用。

本章将基于计划行为理论（TPB）分析环境认知与绿色消费行为的关系。计划行为理论假设个体是理性的，个体消费行为意愿受消费态度、消费主观准则、消费感知行为控制的影响（Ajzen，1985），被广泛地应用于解释并预测个体行为。在绿色消费研究领域，针对不同研究对象常常对计划行为理论模型进行一定程度拓展，发现其能较好地解释消费者绿色消费行为产生的机制（盛光华等，2019）。因此，本章将分析检验环境认知如何通过计划行为理论模型影响绿色消费态度、绿色消费主观准则、绿色消费感知行为控制，并进一步推动消费者的绿色消费意向和行为。本章的主要贡献在于：一是通过对计划行为理论模型的拓展，理清了环境认知对绿色消费行为的影响机制，本书认为环境认知既正向影响绿色消费态度、绿色消费主观准则、绿色消费感知行为控制，进而引致绿色消费意向和绿色消费行为的产生，还通过促进绿色消费意向的提升引致绿色消费行为，或者直接促进绿色消费行为的产生；二是基于中国的微观样本，结合多层线性分析法，使得模型可以刻画不同地区样本的差异化因果关系，令实证结果更为可靠和丰富，因此本书选取地理环境方面的工具变量，以尽可能降低内生性问题导致的影响，保证参数识别的无偏性。

第二节
假设推导

无论个人还是企业的环境认知都会对消费者的绿色消费行为产生多种影响。相关研究表明，个人环境知识能够有效提升消费者感知商品绿色价值的认知，并间接影响绿色消费行为（于伟，2009）；个人绿色认知会通过绿色情感对绿色消费行为产生正向显著影响（叶楠，2019）；企业环境意识能显著调节环境问题披露与消费者参与绿色消费活动意愿之间的关系（Rustam，2020）。虽然与环境认知相关的环境知识、绿色认知、环境意识等会通过各种路径对消费者绿色消费行为产生影响，但现有研究还未将环境认知纳入一个系统理论模型中分析其对绿色消费的影响机制。

本章基于计划行为理论模型框架，分析环境认知对绿色消费行为的影响机制。消费态度、主观准则、感知行为控制是计划行为理论模型中的三个重要变量，随着环境认知的提升，人们对美好生活环境的要求提高，且人们具备更多的环境认知是其形成积极的绿色消费态度的原因（Young et al.，2010）；主观准则是个体对来自参照群体压力的感知，随着生态环境问题日益严重，推动着人们环境认知水平提升，人们对绿色消费模式的呼声日渐高涨，要求消费者采取绿色消费的外界压力增大，消费者的主观准则增强；感知行为控制是指个体对自身能力的感知，与个体所拥有的资源、能力及其愿意为特定行为付出的努力程度有关，环境认知的提升使得消费者格外关心环境，对优良环境的渴望促使消费者愿意为保护环境做出更多绿色消费行为，增强其感知行为控制（盛光华和庞英，2016）。因此，本书提出以下假设：

H1：环境认知正向影响绿色消费态度。

H2：环境认知正向影响绿色消费主观准则。

H3：环境认知正向影响绿色消费感知行为控制。

行为意向被认为是行为的直接前因（Ajzen，2002），在大多数的研究案例中，TPB 模型都是完全支持消费者的意愿的，当消费者有绿色消费意愿时，其会相应选择环保产品和服务（叶楠，2019）。然而，还需要考虑环境认知是否可能经过上述以外的路径影响绿色消费行为。环境认知是消费者环境知识和环境意识的量化体现，随着消费者环境认知水平的提升，消费者会更加关注环境问题，更愿意掌握绿色消费的相关技能，更明白绿色消费对于环保事业和消费发展的重要意义，从而消除对绿色消费的顾虑，进一步激发消费者的绿色消费意图和具体行为。此外，环境认知水平高的消费者的绿色消费意图也高，相应地更容易表现出绿色消费行为，因此，本书提出以下假设：

H4：环境认知正向影响绿色消费意向。

H5：环境认知正向影响绿色消费行为。

综上所述，本章将从环境认知的视角尝试解决绿色消费行为发生的路径机制问题：环境认知是否会对其绿色消费行为产生影响？通过哪些路径产生影响？本书在计划行为理论模型的基础上尝试加入个体的"环境认知"这一前因变量，构建基于环境认知的绿色消费计划行为理论扩展模型（见图 8-1）。厘清该机制有助于丰富计划行为理论模型在绿色消费领域的应用，为针对性地提出发展绿色消费的对策建议提供经验证据。

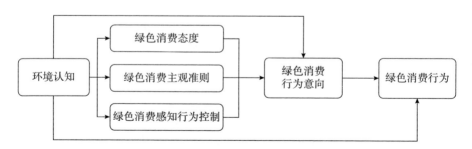

图 8-1 基于环境认知的绿色消费计划行为理论扩展模型

第三节
实证检验

一、数据来源

本研究所用数据来源于中国人民大学中国调查与数据中心发布的 2010 年中国综合社会调查（CGSS）。CGSS 涵盖了中国大陆的 31 个省、自治区、直辖市，因此可以将 CGSS 的样本视为一个全国性代表样本。CGSS 所采用的是多阶段分层概率抽样的入户访问方式，并以县（区）、居（村）委会、家庭、个人等渐降抽样层次逐层随机抽样，这样的抽样方式使得样本的代表性较好，且抽样误差较小。2010 年，CGSS 问卷中设有较为全面的环境调查模块（L 部分），其作为选答模块，并非所有受访者都会回答，在 11783 名有效样本中，出生于二月、九月、十一月和十二月的 3672 名样本回答了环境问卷，剔除缺失值之后，进入本研究的分析样本的是来自 31 个省级行政区的 3240 名被访者。在描述统计以及回归部分，本书均考虑 CGSS 样本权重，以保证样本的代表性。

二、变量选取

影响个体绿色消费行为的因素包括个体层次和省份层次两类。[①] 个体层次变量包括个体的绿色消费意向、绿色消费行为、绿色消费态度、绿色消费主观准则、绿色消费感知行为控制、环境认知、经济水平、环境质量以及其他控制变量等，省份层次包括地区经济水平、环境水平等。

（1）绿色消费意向

行为意向是个体准备执行特定行为的一种意愿程度（叶楠，2019）。

---

① 本书同时考虑了个体层次与城市层次影响因素的结果，与考虑个体与省份层次因素差异不大，表明实证结果不受省份或城市分类的影响，结果稳健。相关结果由于篇幅原因不做展示，可联系笔者获取。

CGSS2010针对消费者是否具备绿色消费意向以及意向的强烈程度，原本共设计了六个相应问题，序号3"您经常会特意为了环境保护而减少开车吗？"因为调查样本中开车人数过少，删除了序号3，最终得到绿色消费意愿相关题项如表8-1所示。

表8-1 绿色消费意愿相关题项

原序号	方向	编码	题项	赋值
1	正向	20f	您经常会特意为了环境保护而不去购买某些商品吗？	总是、经常、有时、从不分别赋值4、3、2、1
2	正向	20b	您经常会特意购买没有施用过化肥和农药的水果和蔬菜吗？	
4	正向	20d	您经常会特意为了保护环境而减少居家的油、气、电等能源或燃料的消耗量吗？	
5	正向	20e	您经常会特意为了环境保护而节约用水或对水进行再利用吗？	
6	正向	20a	您经常会特意将玻璃、铝罐、塑料或报纸等进行分类以方便回收吗？	

学术界对绿色消费范畴已经由产品绿色扩展到生产、运输、销售、使用、使用后等流程(Akenji，2014)。因此，绿色消费意向的衡量应尽可能包括消费者在绿色商品选择、使用及使用后等各环节的意向。表8-1原序号1、2问项衡量的是商品选择环节个体绿色消费的意向强度，原序号4、5问项衡量的是绿色消费商品使用环节意向，原序号6问项衡量的是绿色消费使用后环节的意向。每个变量回答选项为"总是""经常""有时"和"从不"，设定变量值依次为4、3、2、1。对5个问项进行信度系数检验，系数(Cron-bach's alpha)值为0.79，存在较高内部一致性。进一步地，将5个变量加总取平均值得到绿色消费意向，值越高，说明该个体的绿色消费意向越强烈。

（2）绿色消费行为

过往研究往往认为行为意向导致行为。CGSS2010中问项"为了解决您和您家庭遭遇的环境问题，您和家人采取任何行动了吗？"可以用来直接描述是否发生了绿色消费行为。"采取了行动"赋值为4，"没有采取行动"赋值为1，"试图采取行动，但不知道怎么办"说明其有意愿，但未能找到执行行动的途径，赋值为3，"没有遭遇什么环境问题"说明其没有该方面需求，未发生绿色消费行为，赋值为2。绿色消费行为值越高，说明该个体采取了较为彻底的绿色消费行为，值越低，说明该个体越没有进行绿色消费行为。

（3）绿色消费态度

环境态度的一个代表性变量是环境关心（王毅杰等，2019）。有学者认为，环境关心指人们意识到并支持解决涉及生态环境问题的程度或者为解决这类问题而作出贡献的意愿（Dunlap，2002）。已有研究显示，公众对绿色消费等环境相关问题关注越多，越有利于形成良好的绿色环保意识，就越可能在日常生活中发生绿色消费行为（王建明，2013）。本书将环境关心视作模型中衡量绿色消费态度的变量。采用经检验具有较好信度的《中国版环境关心量表》（CNEP）（洪大用等，2014），该量表基于CGSS2010中10个态度评判题项：①目前的人口总量正在接近地球能够承受的极限；②人类对于自然的破坏常常导致灾难性后果；③目前人类正在滥用和破坏环境；④动、植物与人类拥有一样的生存权；⑤自然界的自我平衡能力足够强，完全可以应付现代工业社会的冲击；⑥尽管人类有着特殊能力，但是仍然受自然规律的支配；⑦所谓人类正在面临"环境危机"，是一种过分夸大的说法；⑧地球就像宇宙飞船，只有很有限的空间和资源；⑨自然界的平衡是很脆弱的，很容易被打乱；⑩如果一切按照目前的样子继续，人类很快将遭受严重的环境灾难。以上10个问项之间的Cron-bach's alpha系数为0.91，具备较好的内在一致性。同样，对每个问项的答项"完全不同意""比较不同意""无所谓同不同意/无法选择""比较同意""完全同意"分别赋值到1~5分。其中，⑤和⑦项根据问题表述反向赋分。将10个问项得分累加之后获得[10，50]值域内的环境关心指数，得分越高，则说明越关心生态环境，对于绿色消费的态度越积极。

（4）绿色消费主观准则

主观准则的形成是由个体对他人认为应该如何做的信任程度以及自己对他人意见保持一致的动机水平所决定的（俞海山，2015）。根据T计划行为理论主观准则的含义，绿色消费主观准则是消费者在消费行为中感受到的外界社会压力的程度，其反映的是重视他人或团体对其绿色消费行为决策的影响，消费者感知到的外界压力越大，其进行绿色消费的意向就更高。基于此，CGSS2010中问项"对于人类进步给环境带来的损害，人们的担忧有点过分了""我们对未来的环境状况担忧太多而对当前的物价和就业关注不够""在现代生活中，几乎我们做的所有事都对环境有害"可以衡量绿色消费主观准则。对其进行信度检验，3 个问项之间的 Cron-bach's alpha 系数为 0.72，具备较好的内在一致性。对前两个问项的答项"完全不同意""较不同意""无所谓同意不同意""比较同意""完全同意"分别赋值 5~1 分，对于"在现代生活中，几乎我们做的所有事都对环境有害"问项的答项"完全不同意""比较不同意""无所谓同意不同意""比较同意""完全同意"分别赋值 1~5 分，"无法选择"赋值为 3。将 3 个问项得分累加之后获得 [3，15] 值域内的绿色消费主观准则指数，得分越高，说明其绿色消费行为感受外界规范准则的影响和压力越大。

(5) 绿色消费感知行为控制

感知行为控制指个体在进行特定行为时所感受到的难易程度，包含知觉控制和知觉困难，两者独立作用于个体行为意向，同时也可直接决定个体行为 (龚继红等，2019)。消费者在做绿色购买行为决策时通常会对其可行性与难易程度进行评估，当消费者感知到采取绿色购买行为较为困难时，其购买意愿会减弱；反之，其购买意愿会增强。根据 TPB 理论感知行为控制的含义，绿色消费感知行为控制是指消费者在进行某项绿色消费行为时所感受到的难易度。已有研究中将消费者是否方便购买绿色食品、购买绿色产品是否完全由自己决定等作为衡量感知行为控制因素的重要变量 (Qi and Ploeger，2019)。一般来说，在要进行绿色消费时，个体感知到其行为在自己可控的意愿和能力之下时，就更容易发生绿色消费行为。基于此，用 CGSS2010 中问项"像我这样的人很难为环境保护做什么""我很难弄清楚我现在的生活方式是对环境有害还是有利""生活中还有比环境保护更重要的事情要做""除非大家都做，否则我保护环境的努力就没有意义""许多关于环境威胁的说法都是夸大其词""即使要花更多的钱和时间，我也要做有利于环境的事"来衡量绿色消费感知行为控制。对其进行信度检验，6 个问项之间的 Cron-bach's alpha 系数为 0.75，具备较好的内在一致性。对前 5 个问项的答项"完全不同意""比较不同意""无所谓同意不同意""比较同意""完全同意"分别赋值 5~1 分，"无法选择"赋值为 3，对于"即使要花更多的钱和时间，我也要做有利于环境的事"问项的答项"完全不同意""比较不同意""无所谓同意不同意""比较同意""完全同意"分别赋值 1~5 分，"无法选择"赋值为 3。将 6 个问项得分累加之后获得 [6，30]

值域内的感知行为控制指数，绿色消费感知行为控制指数得分越高，说明其感受到的进行绿色消费的难度越小。

(6)环境认知

个体对环境的认知体现在对生态环境知识的全面掌握上，且应包括商品生产、使用、使用后以及自然环境等多阶段和多维度。CGSS2010中有10个有关生态环境认知的基本问项：①汽车尾气对人体健康不会造成威胁；②过量施用化肥农药会破坏环境；③含磷洗衣粉的使用不会造成水污染；④含氟冰箱的氟排放会破坏大气臭氧层；⑤酸雨的产生与烧煤没有关系；⑥物种之间相互依存，一个物种的消失会产生连锁反应；⑦国内空气质量报告中，三级空气质量意味着比一级空气质量好；⑧单一品种的树林更容易导致病虫害；⑨国内水体污染报告中，V类水质要比I类水质好；⑩大气中二氧化碳成分的增加会成为气候变暖的因素。对其进行信度检验，10个问项之间的 Cron-bach's alpha 系数为 0.87，具备较好的内在一致性。被访者每答对一题记 1 分，答错或者不知道记 0 分，累计最高 10分，最低 0 分。分值越高，说明个体对环境的基本认知越清晰，分值越低说明个体越缺乏对环境的基本认知。

(7)经济水平

人均 GDP 是衡量一个地区宏观经济发展水平的最重要指标之一。地区财富和经济水平对个人绿色消费行为有重要影响，绿色消费是较高层次的消费方式，绿色消费的实现需要一定的经济水平作为基础，本书采用 2010年各省、自治区及直辖市的人均 GDP 作为宏观经济发展水平的衡量指标。

(8)环境质量

绿色消费的发展需要优质的生态环境作为外部条件，在城市化进程中，建成区绿化覆盖率是反映居住环境的重要指标。建成区绿化覆盖率是指在城市建成区的绿化覆盖面积占建成区的百分比，绿化覆盖面积是指城市中乔木、灌木、草坪等所有植被的垂直投影面积。建成区绿化覆盖率能较好地反映城市整体环境建设水平，居民生活的环境对其绿色消费行为有重要影响。本书采用 2010 年各省、自治区及直辖市的建成区绿化覆盖率作为整体环境质量的衡量指标。

(9)其他控制变量

其他控制变量包括个体经济能力、社会地位、文化程度、政治面貌以及其他个体基本特征等，相应地用年收入的对数、职业、受教育程度、政治面貌、性别、年龄、户口类型等变量予以表示。

相关变量的描述性统计分析如表8-2所示：

表8-2　相关变量的描述性统计分析

变量	变量描述	均值	标准差	最大值	最小值
绿色消费态度	连续变量	37.076	5.563	50	15
绿色消费主观准则	连续变量	9.250	1.810	15	3
感知行为控制	连续变量	17.407	3.702	30	6
绿色消费意向	连续变量	2.195	0.721	4	1
绿色消费行为	连续变量	2.211	1.189	4	1
环境认知	连续变量	5.074	2.824	10	0
性别	男＝1，女＝0	0.498	0.500	1	0
年龄	连续变量	47.345	15.350	91	18
受教育程度	未受教育＝1，小学、私塾＝2，初中＝3，职业高中、普通高中、中专、技校＝4，大学专科、成人本科、研究生及以上＝5	3.114	1.246	5	1
年收入对数	连续变量	10.395	2.694	16.118	4.605
政治面貌	党员＝1，非党员＝0	0.143	0.350	1	0
户口类型	农业户口＝1，非农户口＝0	0.477	0.500	1	0
所属区域	东部＝1，东北部＝2，中部＝3，西部＝4	2.346	1.213	4	1
人均GDP对数	连续变量	10.209	0.529	11.254	9.128
建成区绿化覆盖率	连续变量	38.234	4.210	46.645	25.4

注：样本数＝3240。

三、研究方法

在社会中，个体与社会环境之间存在天然的互动关系，个体会受到所属团体和社会环境的影响，团体氛围或社会环境属性也会受到作为它们构成要素的个体的影响，个体与社会环境之间的互动关系决定了研究所用数据中的多层结构（谢宇，2018）。CGSS2010调查覆盖中国31个省、自治区和直辖市，由于中国疆域面积宽广，各地经济社会发展水平差异较大，受当地经济环境的影响，同一地区的个体之间绿色消费行为的异质性可能要明显小于不同地区个体之间绿色消费行为的异质性，违背了 OLS 估计中误差项相互独立和同方差的经典假设。由于 CGSS2010 调查多阶段抽样设计导致了这一数据嵌套结构，同时更是为了探讨不同省份经济社会状况对个体绿色消费行为的影响，本书采用多层线性模型对现有假设进行实证检验，即将多层结构数据在因变量上的总变异分为个体和省份两个层次，分别引入解释变量进行解释，其中，个体方程的部分或全部估计参数作为省份组方程的因变量进行解释。本书假设自变量与因变量的关系在各省份内部是一致的，因此选择随机截距模型。

本书尝试建立同时包含个体和省份两个分析层次的多层次模型，来研究环境认知影响消费者绿色消费行为的机制。为了使截距的系数在解释时具有实际意义，研究中对层1（个体层次）和层2（省份层次）的连续变量进行了总均值对中处理。对不包含任何解释变量的零模型进行估计，将绿色消费意向的差异来源分解为个体和省份之间的方差。在考察各省份内相关系数显著不等于零的基础上，加入相关主要解释变量进行估计。

基于已有计划行为理论有关绿色消费的研究，进一步引入环境认知这一变量，验证环境认知对绿色消费态度、主观准则和感知行为控制的影响，以及其对绿色消费意向和绿色消费行为的影响，厘清相应影响机制，为更好地提出提升绿色消费的政策建议提供经验证据。

第四节
结果分析

一、基准模型结果

第一，在绿色消费计划行为理论模型基础上，进一步验证环境认知对绿色消费态度、主观准则以及感知行为控制的影响机制，结果如表 8-3 所示。

表 8-3 基于 TPB 理论的绿色消费影响机制的多层线性模型结果（一）

模型	(1)	(2)	(3)	(4)	(5)	(6)	(7)	(8)	(9)
因变量		绿色消费态度			绿色消费主观准则			绿色消费感知行为控制	
固定效应									
截距	0.199 (0.340)	-0.363 (0.582)	-0.303 (0.604)	-0.083 (0.064)	-0.046*** (0.208)	0.015*** (0.204)	-0.013 (0.195)	-1.092*** (0.391)	-1.106*** (0.404)
个体层次									
环境认知		0.784*** (0.041)	0.781*** (0.041)		0.064*** (0.017)	0.061*** (0.017)		0.235*** (0.029)	0.234*** (0.030)
性别		0.331*** (0.125)	0.332*** (0.126)		-0.159** (0.077)	-0.157** (0.077)		-0.023 (0.135)	-0.024 (0.135)
年龄		-0.012* (0.006)	-0.013** (0.006)		-0.003 (0.002)	-0.004 (0.002)		-0.008* (0.004)	-0.008* (0.004)
受教育程度		0.440*** (0.105)	0.432*** (0.105)		0.081** (0.041)	0.073* (0.041)		0.462*** (0.080)	0.463*** (0.081)
年收入对数		0.029 (0.032)	0.028 (0.032)		0.033** (0.011)	0.032** (0.011)		0.046* (0.026)	0.046* (0.026)
政治身份		0.375 (0.342)	0.387 (0.340)		-0.016 (0.113)	-0.002 (0.114)		0.942*** (0.220)	0.941*** (0.219)
户口类型		-1.061*** (0.210)	-1.037*** (0.206)		-0.069 (0.089)	-0.037 (0.088)		-0.208 (0.200)	-0.209 (0.199)

续表

模型	(1)	(2)	(3)	(4)	(5)	(6)	(7)	(8)	(9)
因变量	绿色消费态度			绿色消费主观准则			绿色消费感知行为控制		
省份层次									
人均 GDP 对数			0.481*			0.282***			−0.019
			(0.259)			(0.094)			(0.374)
建成区绿化覆盖率			−0.033			0.004			−0.019
			(0.036)			(0.010)			(0.041)
随机效应									
省份层面	3.045	0.767	0.711	0.083	0.035	0.011	0.952	0.780	0.780
个体层面	27.659	20.965	20.966	3.217	3.147	3.148	12.934	11.489	11.488
组内相关系数（%）	9.9	3.5	2.3	2.5	1.1	0.3	6.9	6.4	6.4
观测值	3194	3194	3194	3194	3194	3194	3194	3194	3194

注：括号内为省级聚类稳健标准误，***、**、*分别代表在 1%、5%、10% 水平下显著。

如表 8-3 中模型（1）所示，对不含自变量的零模型进行回归，只有截距项态度在不同省份之间的随机变动，整体线性回归结果不显著。模型（2）加入了个体层次的变量，主要解释变量环境认知显著正向影响绿色消费态度，即个体对环境的认知越充分越深入，其对绿色消费的态度就越积极，环境认知每提高 1 分，绿色消费态度指数提升 0.784。其他个体层次的控制变量中，男性比女性有更强烈的绿色消费态度，男性比女性感受到的绿色消费态度高 0.331。年龄对绿色消费态度的影响是负值，年龄越大，绿色消费态度越弱，说明年轻人的绿色消费态度较为深刻。教育对个体绿色消费态度呈正向影响，学历高的个体其绿色消费态度更积极，学历每提升 1 个层次，其绿色消费态度指数提升 0.440，说明教育在塑造、养成积极的绿色消费态度过程中有着十分重要的作用。农业户口个体相对于非农户口的个体，其绿色消费态度指数降低 1.061，说明非农户口居民相对于农业户口居民的绿色消费态度更积极。模型（2）相对于模型（1），组内相关系数由 9.9% 降低到 3.5%。模型（3）中进一步加入了省份层次的解释变量，人均 GDP 对数和建成区绿化覆盖率，组内相关系数进一步下降到 2.3%。省份层次的解释变量建成区绿化覆盖率不显著，说明环境质量对个体绿色消费态度影响有限，解释变量人均 GDP 对数显著，说明经济水平对个体绿色消费态度影响正向显著。其他解释变量的系数符号和显著性不变。

如表 8-3 中模型（4）所示，对不含自变量的零模型进行回归，只有截距项主观准则在不同省份之间的随机变动，整体线性回归结果也不显著。模型（5）加入了个体层次的变量，截距项显著，主要解释变量环境认知显著正向影响绿色消费主观准则指数，个体对环境的认知越充分、越深入，绿色消费主观准则指数越高，其感受到的外界对绿色消费的压力就越大，环境认知每提升 1 分，绿色消费主观准则指数提升 0.064。其他个体层次的控制变量中，男性比女性的绿色消费主观准则指数更低，即女性比男性可以感受到更强烈的绿色消费外界压力，男性比女性感受到的绿色消费主观准则指数低 0.159。受教育程度越高的个体的绿色消费主观准则指数越高，其感受到的绿色消费外界压力越大，学历每提升 1 个层次，居民绿色消费主观准则指数提升 0.081。年收入也正向影响个体的绿色消费主观准则，年收入对数每增加一个单位，个体的绿色消费主观准则指数提升 0.033，其感受到的绿色消费外界压力相应更强，这可能是因为经济条件越好消费往往更多，对环境的影响更大，从而感受到更多的外界压力。相对于模型(5)，模型(6)中进一步加入了省份层次的解释变量，人均 GDP 对数和建成区绿化覆盖率，组内相关系数由 2.5% 降低到 1.1%。省份层次的解释变量人均 GDP 对数正向显著影响绿色消费主观准则，人均 GDP 对数每提升一个单位，绿色消费主观准则指数提升 0.282，即随着社会经济水平增长，居民绿色消费主观准则指数会提升。人们是否进行绿色消费所感受到的外界压力增大，说明经济水平较高地区的人们对绿色消费有更高要求，而整体环境质量水平并不能对人们产生压力，不能有效刺激其发生绿色消费行为。绿色消费其他解释变量的显著性和系数符号不变。

如表 8-3 中模型(7)所示，对不含自变量的零模型进行回归，只有截距项绿色消费感知行为控制指数在不同省份之间的随机变动，整体线性回归结果也不显著。模型(8)中加入了个体层次的变量，主要解释变量环境认知显著正向影响绿色消费感知行为控制指数，环境认知每提升 1 分，绿色消费感知行为控制指数提升 0.235，即个体对环境的认知越充分、越深入，个体对自身发生绿色消费行为进行控制的感知程度越容易，其感受到的做出绿色消费行为的难度越小。其他个体层次的控制变量中，年龄对绿色消费感知行为控制的影响是负值，年龄越大，其对绿色消费行为进行控制的难度越大，说明需要加强中老年人群体对绿色消费相关知识技能的掌握。受教育程度越高的个体对自身发生的绿色消费行为进行控制的感知程度更强，其进行绿色消费感知到的难度更小，学历每提升一个层次，个体绿色消费感知行为控制指数提高 0.462，其进行绿色消费感知到的难度更小，说明接受更多的教育就有可能带给人们更多的绿色消费相关的环境保护知识和掌握更多的绿色消费技能，从而更加从容应对消费中遇到的环境问题。年收入也正向影响个体的绿色消费感知行为控制，年收入对数每增加 1 个单位，其绿色消费感知行为控制指数增加 0.046，感知自身做出绿色消费行为更容易，这是因为绿色消费往往相对于传统产品和服务价格更高，需要一定的经济基础才能更多地购买绿色商品，更好地贯彻绿色消费行为理念。党员相对于非党员对自身发生的绿色消费行为进行控制的感知程度更强，党员的绿色消费感知行为控制指数较非党员高 0.942，党员进行绿色消费感知到的难度更小，体现出了共产党员有着做出绿色消费行为的决心和更强的执行力。非农户口居民相对于农业户口居民对自身发生的绿色消费行为进行控制的感知程度更弱，前者相对于后者绿色消费感知行为控制指数低 0.208，其感受到的进行绿色消费的难度也更高，这可能是由于非农户口居民受制于城市生活环境或者经济成本，其进行绿色消费的难度更大。模型(8)相对于模型(7)，组内相关系数由 6.9% 降低到 6.4%。模型(9)中进一步加入了省份层次的解释变量，人均 GDP 对数和建成区绿化覆盖率，省份层次的两个解释变量均不显著，说明经济水平(人均 GDP 对数)和环境质量(建成区绿化覆盖率)对个体感知的绿色消费难易程度影响有限。其他解释变量的显著性和系数符号不变。

由此可见，在控制性别、年龄、受教育程度等个体层次变量和经济水平、环境质量等省份层次变量的情况下，环境认知对于绿色消费有着显著影响。环境认知越深入，个体绿色消费态度越积极，消费者感知到的绿色消费外界规范压力也越强烈，而感知到的绿色消费行为难度越小。根据计划行为理论，绿色消费态度、主观准则、感知行为控制等会强化绿色消费意愿的形成，进而促进绿色消费行为的发生。

第二，在计划行为理论模型基础上，有必要进一步验证环境认知对绿色消费行为意愿和绿色消费行为的直接影响机制，同样构建多层线性模型进行分析，结果如表 8-4 所示。

表 8-4　基于 TPB 理论的绿色消费影响机制的多层线性模型结果（二）

模型	(1)	(2)	(3)	(4)	(5)	(6)
因变量	绿色消费意向			绿色消费行为		
固定效应						
截距	2.177 *** (0.049)	1.925 *** (0.104)	1.950 *** (0.109)	2.230 *** (0.057)	1.857 *** (0.214)	1.860 *** (0.215)
个体层次						
环境认知		0.059 *** (0.006)	0.058 *** (0.006)		0.040 *** (0.012)	0.039 *** (0.013)
性别		-0.042 (0.028)	-0.041 (0.027)		0.002 (0.046)	0.002 (0.046)
年龄		0.003 *** (0.001)	0.003 *** (0.001)		0.001 (0.002)	0.001 (0.002)
受教育程度		0.061 *** (0.022)	0.058 *** (0.022)		0.101 *** (0.039)	0.100 *** (0.039)

续表

模型	(1)	(2)	(3)	(4)	(5)	(6)
因变量	绿色消费意向			绿色消费行为		
年收入对数		−0.006 (0.006)	−0.006 (0.006)		0.0004 (0.010)	0.0007 (0.010)
政治面貌		0.015 (0.042)	0.019 (0.042)		0.085 (0.072)	0.086 (0.073)
户口类型		−0.147*** (0.044)	−0.141*** (0.044)		−0.003 (0.070)	−0.0003 (0.070)
省份层次						
人均 GDP 对数			0.244*** (0.054)			0.075 (0.093)
建成区绿化覆盖率			−0.013*** (0.006)			−0.014 (0.012)
随机效应						
省份层面	0.066	0.030	0.017	0.079	0.068	0.068
个体层面	0.450	0.406	0.406	1.350	1.315	1.314
组内相关系数(%)	12.8	6.9	4.0	5.5	4.9	4.9
观测值	3194	3194	3194	3194	3194	3194

注：括号内为省级聚类稳健标准误，***、**、*分别代表在1%、5%、10%水平下显著。

如表8-4中模型(1)所示，对不含自变量的零模型进行回归，截距项绿色消费意向在不同省份之间的随机变动，整体线性回归结果显著。模型(2)加入了个体层次的变量，主要解释变量环境认知正向显著影响绿色消费意向，环境认知水平每提升1分，绿色消费意向指数提升0.059，说明个体对环境的认知越充分越深入，其进行绿色消费意向就越积极。其他个体层次的控制变量中，教育和年龄都对个体绿色消费意向产生显著正向影响，学历每提高1个层次，其绿色消费意向指数提升0.061；年龄每提升1岁，其绿色消费意向指数提升0.003。户口类型变量的系数显著为负，非农户口个体相对于农业户口的个体其绿色消费意向指数高0.147，非农户口拥有更积极的绿色消费意向。模型(2)相对于模型(1)，组内相关系数由12.8%降低到6.9%。模型(3)中进一步加入了省份层次的解释变量人均GDP对数和建成区绿化覆盖率，组内相关系数进一步下降到4.0%，省份层次的两个解释变量显著。其中，人均 GDP 对数对个体绿色消费意向正向显著，人均 GDP 对数每增长 1 个单位，绿色消费意向增长 0.244，说明地区经济水平越高，人们更可能有积极的绿色消费意向；建成区绿化覆盖率对个体绿色消费意向负向显著，建成区绿化覆盖率每提升 1 个百分点，个体绿色消费意向指数减少 0.013，说明地区环境质量水平越高，人们绿色消费意向可能越低，因为舒适的环境可能让其主动进行绿色消费的动力不足。模型(3)中其他解释变量的显著性和系数符号不变。

如表 8-4 中模型(4)所示，对不含自变量的零模型进行回归，只有截距项绿色消费行为在不同省份之间的随机变动，整体线性回归结果显著。模型(5)加入了个体层次的变量，截距项显著，主要解释变量环境认知显著正向影响绿色消费行为，环境认知每提升 1 分，个体绿色消费行为指数提升 0.040，个体对环境的认知越充分越深入，其越可能发生绿色消费行为。其他个体层次的控制变量中，受教育程度越高的个体发生绿色消费行为的可能性越大，学历每提升 1 个层次，居民绿色消费行为指数提升 0.101。模型(5)相对于模型(4)，组内相关系数由 5.5% 降低到 4.9%。模型(6)中再次加入省份层次的解释变量，人均 GDP 对数和建成区绿化覆盖率，省份层次解释变量建成区绿化覆盖率和人均 GDP 对绿色消费行为影响不显著，说明地区环境质量和经济水平的高低并不能直接决定个体绿色消费行为。其他变量系数符号和显著性与模型(5)一致。

从表 8-4 中可以看出，首先，个体环境认知的加深不仅可以促进其绿色消费意向的提升，也可以直接推动其做出绿色消费行为，同时又因为环境认知对绿色消费态度也有正向显著作用，所以加深环境认知可以在一定程度上降低个体绿色消费的态度—行为的不一致，更多地将绿色消费态度转化为绿色消费行为实践。然而，上文已经证明受教育程度、户口类型对个体的绿色消费态度有显著影响，受教育程度越高个体的绿色消费态度越积极，非农户口个体较农业户口个体的绿色消费态度更积极，但只有受教育程度会正向影响个体的绿色消费行为。

其次，比较各变量对绿色消费意向和绿色消费行为的影响差异，其结果有一定的区别。在控制其他变量的情况下，性别、年龄、户口类型、人均 GDP 都对绿色消费意向的影响显著，但对绿色消费行为的影响不显著，也就是说，虽然女性、年龄较长者、非农户口居民和经济水平更发达地区消费者自称绿色消费意向较高，但其不一定会真正做出绿色消费行为；在控制其他变量的情况下，受教育程度同时正向影响个体绿色消费意向和绿色消费行为。

最后，代表环境质量的建成区绿化覆盖率可以抑制居民绿色消费意向的提升，也就是说，在控制其他变量的情况下，环境质量的提升会促使大家减少绿色行为意向，把绿色消费带来的正外部性效应寄托于他人的消费行为。

二、内生性讨论

一方面，环境认知会正向影响绿色消费态度、绿色消费主观准则、绿色消费感知行为控制、绿色消费意向和绿色消费行为；另一方面，拥有更强烈绿色消费态度、绿色消费主观准则、绿色消费感知行为控制、绿色消费意向和绿色消费行为往往也可能导致产生更加强烈的环境认知。考虑可能存在的双向因果关系与遗漏变量问题，以及由此带来的内生性问题对估计结果的影响，本书通过引入工具变量对原模型进行两阶段最小二乘回归以尽可能避免内生性问题。

第一，本书选取各省份地形起伏度、降水量、高等学校毕业生人数占比作为环境认知的工具变量，验证环境认知对绿色消费态度的影响。中国幅员辽阔、地形多样，地形起伏度是影响中国人口分布和劳动力密集程度的重要因素（林伯强和谭睿鹏，2019），地形起伏度小的地方（如平原）大多是人口集聚区，经济社会文化发展较快，人们对环境的认知程度也较深，边远山区、高原等地形起伏度较大地区，则受困于自然环境，经济社会文化等方面发展滞后，人们对环境的认知较少。同样，中国降雨较多地区往往宜居，内河航运发达，经济社会文化等各方面发展较快，人们可能对环境的认识也更深入。因此，各省份地形起伏度和降水量是刻画地区自然环境的重要指标，也可以作为环境认知的工具变量。各省份高等学校毕业生人数反映地区受教育水平，受教育水平或者文化程度影响着个体对环境的认知。同时，各省份地形起伏度、降水量、高等学校毕业生人数占比等指标不会直接对个体的绿色消费态度产生影响，是存在的客观指标，满足工具变量外生性条件。

第二，本书选取各省份地下水潜力作为环境认知的工具变量，验证环境认知对绿色消费主观准则的影响。各省份地下水潜力①是刻画自然环境的重要指标，地下水的丰富程度可能通过影响日常生产生活和居住环境从而影响人们对环境的认知。同时，各省份地下水潜力作为客观指标，绿色消费主观准则不会与地下水潜力存在直接相关性，满足工具变量外生性条件。

第三，本书选取各省份降水量、百度关于"环境"的整体指数作为环境认知的工具变量，验证环境认知对绿色消费感知行为控制的影响。同理，各省份降水量、百度关于"环境"的整体指数分别是客观自然环境指标和环境认知相关指标，其与人们的环境认知相关，但不会直接影响人们进行绿色消费的难易程度，即满足工具变量外生性条件。

第四，本书选取各省份地下水潜力、降水量、百度关于"环境"的整体指数作为环境认知的工具变量，验证环境认知对绿色消费意向的影响。各省份地下水潜力、降水量、百度关于"环境"的整体指数能够直接反映当地人们对环境的认知程度，二者存在相关性，但这些指标不会直接影响人们绿色消费意向，同时满足工具变量的外生性条件。

第五，本书选取各省份地下水潜力、降水量、百度关于"环境"的整体指数作为环境认知的工具变量，验证环境认知对绿色消费行为的影响。同理，各省份地下水潜力、降水量、百度关于"环境"的整体指数既满足与环境认知的相关性条件，也满足与绿色消费行为的外生性条件。

此外，引入工具变量对原模型进行两阶段最小二乘回归时，各工具变量在回归中均通过过度识别检验和弱工具变量检验，回归结果如表8-5所示。

表 8-5　IV-2SLS 估计结果

模型	(1)	(2)	(3)	(4)	(5)
因变量	绿色消费态度	绿色消费主观准则	绿色消费感知行为控制	绿色消费意向	绿色消费行为
环境认知	1.780*** (0.673)	0.295* (0.158)	0.026** (0.219)	0.196*** (0.017)	0.154** (0.075)
其他个体、省份变量	控制	控制	控制	控制	控制
样本量	3240	3240	3240	3240	3240

① 中国自然资源丛书编撰委员会. 中国自然资源丛书(矿产卷)[M]. 北京：中国环境科学出版社，1996.

续表

模型	（1）	（2）	（3）	（4）	（5）
因变量	绿色消费态度	绿色消费主观准则	绿色消费感知行为控制	绿色消费意向	绿色消费行为
第一阶段回归					
地形起伏度（IV）	−0.070 （0.11）		−0.032 （0.051）		
地下水潜力（IV）		−0.004 *** （0.001）		−0.004 ** （0.002）	−0.004 *** （0.001）
降水量（IV）	−0.001 *** （0.0003）		−0.0005 *** （0.0001）	−0.0005 * （0.0003）	−0.0005 *** （0.0001）
高等学校毕业生人数占比（IV）	−2.519 *** （0.864）				
百度关于"环境"的整体指数（IV）		0.005 （0.008）	0.011 *** （0.004）	0.010 （0.009）	0.010 *** （0.004）
第一阶段回归 F 值	79.85	77.46	111.92	68.36	122.08

注：括号内为省级聚类稳健标准误，*** 、** 、* 分别代表在 1%、5%、10%水平下显著。

表 8-5 结果显示，环境认知对绿色消费态度、绿色消费主观准则、绿色消费感知行为控制等变量有显著正向影响。人们对环境认知程度越深，其对于绿色消费的态度越积极，环境认知指数每提升 1，绿色消费态度指数提升 1.780；人们对环境认知程度越深，其绿色消费感受到的外界压力越大，环境认知指数每提升 1，绿色消费主观准则指数提升 0.295；人们对环境认知程度越深，其作出绿色消费行为的难度越低，环境认知指数每提升 1，绿色消费感知行为控制指数提升 0.026。进一步地，环境认知还可以对绿色行为意向和绿色消费行为产生直接正向显著影响，环境认知每提升 1，绿色意向指数和绿色消费行为指数分别提升 0.196 和 0.154。以上结论均与基准回归模型结论一致。

三、稳健性检验

为检验估计结果的稳健性，即个体的环境认知是否会参与到 TPB 理论模型中影响绿色消费，本书对该机制路径进行稳健性检验：首先，考虑中国区域经济社会环境差异较大，如中部和东部地区享有某些优惠的区域发展政策，为了检验政策方面重要的差异可能带来的混杂因素影响，加入了东部和中部地区等虚拟变量，具体结果如表8-6和表8-7所示。

表8-6 考虑东部地区因素的多层线性模型估计结果

模型	（1）	（2）	（3）	（4）	（5）
因变量	绿色消费态度	绿色消费主观准则	绿色消费感知行为控制	绿色消费意向	绿色消费行为
环境认知	0.783 *** (0.04)	0.061 *** (0.017)	0.224 *** (0.03)	0.059 *** (0.005)	0.039 *** (0.013)
控制变量	控制	控制	控制	控制	控制
截距	−0.92 (0.545)	0.001 (0.191)	−1.143 * (0.588)	1.875 *** (0.114)	1.821 *** (0.235)
样本量	3240	3240	3240	3240	3240

注：括号内为省级聚类稳健标准误，*** 、** 、*分别代表在1%、5%、10%水平下显著。

表8-7 考虑中部地区因素的多层线性模型估计结果

模型	（1）	（2）	（3）	（4）	（5）
因变量	绿色消费态度	绿色消费主观准则	绿色消费感知行为控制	绿色消费意向	绿色消费行为
环境认知	0.780 *** (0.041)	0.061 *** (0.017)	0.234 *** (0.03)	0.058 *** (0.006)	0.039 *** (0.012)
控制变量	控制	控制	控制	控制	控制
截距	−0.166 (0.637)	0.012 (0.203)	−1.047 *** (0.431)	1.966 *** (0.11)	1.899 *** (0.215)
样本量	3240	3240	3240	3240	3240

注：括号内为省级聚类稳健标准误，*** 、** 、*分别代表在1%、5%、10%水平下显著。

表8-6和表8-7结果显示，不论是在中部还是东部地区，环境认知都能产生对绿色消费态度、绿色消费主观准则、绿色消费感知行为控制显著正向影响，继而促进绿色消费行为的发生。同时，环境认知还对绿色消费意向和绿色消费行为有显著正向影响。这一系列结果说明，在中东部地区存在的生态环境优惠政策因素下，更深入全面的环境认知依然是促进个体做出绿色消费行为的重要因素。

其次，为了验证环境认知是否对绿色消费行为具有区域差异性影响，加入了环境认知与区域的交互项，估计结果如表 8-8 所示。

表 8-8 考虑区域差异性的多层线性模型估计结果

模型	（1）	（2）	（3）	（4）	（5）
因变量	绿色消费态度	绿色消费主观准则	绿色消费感知行为控制	绿色消费意向	绿色消费行为
环境认知	0.114 ***	0.114 ***	0.214 ***	0.051 ***	0.055 ***
	（0.027）	（0.027）	（0.046）	（0.01）	（0.011）
环境认知×东北地区	−0.046	−0.046	0.029	−0.027 *	−0.044
	（0.161）	（0.033）	（0.068）	（0.016）	（0.051）
环境认知×中部地区	−0.105 ***	−0.105 **	−0.012	0.019	−0.0005
	（0.034）	（0.034）	（0.085）	（0.014）	（0.051）
环境认知×西部地区	−0.079 **	−0.079 **	0.076	0.024 *	−0.034
	（0.033）	（0.033）	（0.067）	（0.013）	（0.023）
控制变量	控制	控制	控制	控制	控制
截距	0.131	0.121	−1.334 **	2.032 ***	1.922 ***
	（0.254）	（0.254）	（0.571）	（0.124）	（0.161）
样本量	3240	3240	3240	3240	3240

注：括号内为省级聚类稳健标准误，***、**、*分别代表在 1%、5%、10%水平下显著。

表 8-8 结果显示，在考虑绿色消费的区域差异影响因素情况下，环境认知对绿色消费态度、绿色消费主观准则、绿色消费感知行为控制、绿色消费意向和绿色消费行为有显著正向影响。在考察环境认知对绿色消费态度和主观准则的影响时，本书发现东部地区的这一影响显著强于中西部地区，说明东部地区相对于中西部地区人们的环境认知水平提升更有利于形成绿色消费态度。同时，东部地区人们感受到的外界给予的绿色消费压力更大，说明在中西部地区，除了要提升环境认知水平，也要相应注意地区的整体文化素质的提升、细化绿色消费规章制度和强化奖惩制度的执行。就环境认知对绿色消费意向的影响来看，东部地区显著高于东北部地区，但低于西部地区，说明通过提升环境认知直接促进绿色消费意向的形成在西部地区最为有效，在东北部地区则作用有限。本书的结果对于完善地区差异化的绿色消费引导政策具有较为具体的政策含义。

最后，尝试使用了最小二乘估计法进行估计，进一步验证估计结果的稳健性，估计结果如表8-9所示。

表8-9　OLS模型估计结果

模型	（1）	（2）	（3）	（4）	（5）
因变量	绿色消费态度	绿色消费主观准则	绿色消费感知行为控制	绿色消费意向	绿色消费行为
环境认知	0.776***	0.060***	0.217***	0.060***	0.040**
	（0.038）	（0.017）	（0.033）	（0.006）	（0.013）
控制变量	控制	控制	控制	控制	控制
截距	−0.251	0.006	−1.012***	1.956***	1.961***
	（0.641）	（0.202）	（0.427）	（0.105）	（0.215）
样本量	3240	3240	3240	3240	3240
R^2	0.290	0.040	0.121	0.183	0.034

注：括号内为省级聚类稳健标准误，***、**、*分别代表在1%、5%、10%水平下显著。

表8-9结果显示，将绿色消费态度、绿色消费主观准则、绿色消费感知行为控制、绿色消费意向和绿色消费行为对环境认知使用最小二乘估计法进行估计，环境认知系数均为正向显著，与基准回归结果一致，并且其他控制变量显著性与基准回归结果基本一致。表8-9的结果进一步说明本书实证结果的稳健性，说明随机系数模型在设定更为灵活、模型限制更小的同时，更好地刻画了异质性影响。

第五节
本章小结

本章以计划行为理论模型框架为基础，运用多层线性分析法和家庭微观数据检验环境认知对消费者做出绿色消费行为的影响及路径机制，得到以下结论：

第一，从个体层次的个体特征和行为意愿角度来看，环境认知作为前因变量，可以正向影响绿色消费态度、绿色消费主观准则、绿色消费感知行为控制三个变量，进而引致绿色消费意向和绿色消费行为的产生。环境认知还可以通过促进绿色消费意向的提升引致绿色消费行为，或者直接促进绿色消费行为的产生。

第二，从省份层次的经济水平和环境质量角度来看，地区经济水平提升会正向影响绿色消费态度、绿色消费主观规范和绿色消费意向。地区经济水平越发达，人们的绿色消费态度越坚定，受到绿色消费等环境保护有关的外界约束就越多，从而可能感知到更多的绿色消费外界压力。经济水平越高地区的人们虽然越可能产生绿色消费意向，但其不会对绿色消费行为产生直接影响。而地区环境质量的提高会一定程度上抑制居民绿色消费意向的提升，把绿色消费带来的正外部性效应寄托于他人的消费行为。

第三，一些因素对绿色消费意向和绿色消费行为之间的影响存在不一致性，性别、年龄、户口类型、人均 GDP 都对绿色消费意向的影响显著，但年龄、户口类型对绿色消费行为的影响不显著，即虽然年龄较长者、非农户口居民自称绿色消费意向愿较高，但其增进的意愿不见得会更多转化为绿色消费实际行为。另一些因素可以削弱绿色消费态度和绿色消费行为之间的不一致性，个体环境认知水平和受教育程度的提升既可以提高绿色消费态度，又可以推动其做出更多绿色消费行为。

第四，环境认知对绿色消费的影响表现出地区异质性。东部地区环境认知对绿色消费态度和主观准则的影响显著强于中西部地区，说明东部地区相对于中西部地区人们的环境认知水平提升更有利于形成绿色消费态度，且东部地区人们感受到的社会给予的绿色消费压力更大。东部地区环境认知对绿色消费意向的影响显著高于东北部地区，但低于西部地区。

研究结论与政策建议

第一节
研究结论

本书基于已有文献梳理，对绿色消费进行科学界定和研究，构建了绿色消费指数指标体系，并对 2000~2021 年我国绿色消费指数及三个子系统消费指数进行测度，进一步地，对绿色消费指数进行结构分解，检验影响绿色消费的主要因素，得到以下主要结论：

一、绿色消费特点鲜明、内涵丰富、趋势向好

一是绿色消费特点鲜明。绿色消费具有矛盾性，绿色蕴含着对资源环境的保护，消费意味着对资源环境的消耗。绿色消费具有异质性，消费者个体会因为收入、认知、心理、习惯、风俗等因素做出差异性的绿色消费选择。绿色消费具有复杂性，绿色消费发展受自然资源、环境、政治、经济、社会、人文等诸多因素影响，随着科技发展，绿色消费领域不断拓宽，产生更多新问题、新现象。绿色消费具有协同性，消费和生产需整体分析，消费与可持续生活方式需同时考虑，时间和物质消费维度需协同规划，消费数量和消费方式需相辅相成。

二是绿色消费内涵丰富。根据环境经济学理论，绿色消费来源于生态资源环境对人类生活的压力，决定了从环境经济学视角开展绿色消费研究必然涵盖经济发展和生态环境保护两个方面。立足绿色消费，一方面，经济发展涉及供给与需求两端，供给端绿色包括生产过程绿色和产品及服务绿色，即在生产过程中减小对环境的影响，产品和服务本身对消费者健康有益，需求端绿色包括居民消费水平适度和消费结构合理，即要求消费数量适度，商品比例合理门类丰富；另一方面，生态环境保护涉及对环境的治理和维护两个维度，既要求对已经被污染和破坏的环境进行修复，还要求对现有的优良环境和资源进行保护。由此可见，绿色消费理应包括供给

方、需求方及生态环境三个方面内容，依次反映出绿色消费生产、生活、态度三个维度，以及生产过程、商品服务、消费水平、消费结构、生态环境、环境维护共计六个子维度内容。

三是绿色消费发展趋势向好。21世纪以来，我国绿色消费发展情况总体上稳定向好，绿色消费指数由2000年的66.7上升到2021年的81.8。绿色消费生产子系统指数从2000年的58.1上升到2021年的97.2，其在三个子系统中增速最快，说明生产环节极大地推动了我国绿色消费的发展。绿色消费生态子系统指数从2000年的57.3上升到2021年的88.6，说明21世纪以来，生态环境维护和生态环境治理工作整体上取得了明显成效。

二、绿色消费发展不平衡、不充分

一是绿色消费三个子系统发展情况有明显差异。相较于生活环节、生态环节，绿色消费生产环节长期保持较快增长，发展水平最高，说明绿色生产过程环节控制良好，绿色商品及服务逐步丰富；绿色消费生态环节在21世纪前10年发展最快，随后进入不断波动期，增长缓慢，反映出我国自然生态环境在面对经济和消费持续较快增长的同时也承受了巨大压力，尤其是对生态环境治理投入相对不足；绿色消费的生活子系统指数先期逐步下降，随后在较长时期停滞不前，说明我国居民生活中能源消费水平过高，消费结构不优。

二是环境认知对绿色消费的影响表现出地区异质性。东部地区环境认知对绿色消费态度和主观准则的影响显著强于中西部地区，说明东部地区相对于中西部地区人们的环境认知水平提升更有利于形成绿色消费意向，且东部地区人们感受到的社会给予的绿色消费压力更大。东部地区环境认知对绿色消费意向的影响显著高于东北部地区，但低于西部地区。

三、关键因素影响绿色消费发展

一是绿色消费指数可以分解为经济效应、生态效应和技术效应。从整体上来看，经济增长是驱动我国绿色消费发展的首要贡献力，我国经济的快速增长为绿色消费发展提供了物质基础；技术不足是制约我国绿色消费发展的重要因素，由于相关核心技术的不足，我国绿色消费产品和服务的研发受到限制；生态环境条件也是制约我国绿色消费发展的重要因素，对生态环境的忽视阻碍了绿色消费发展。

从区域上来看，东部地区绿色消费发展主要依赖经济增长，与此同时，技术水平和生态环境状况对绿色消费的抑制作用逐渐降低；在中部地区，经济增长和优良的生态环境是促进区域绿色消费发展的两大动力，技术不足则是制约因素；在东北部地区，经济增长对绿色消费发展主要起促进作用，而技术水平和生态环境条件起抑制作用；在西部地区，经济增长为绿色消费发展提供了强大动力，但技术不足是制约西部地区绿色消费发展的重要因素。

二是经济和生态因素对我国绿色消费发展作用显著，技术因素短期内对绿色消费发展促进作用有限，但会促进绿色消费长期发展。从总效应来看，消费水平和环境水平是绿色消费发展的基础，也是重要促进因素，创新投入对绿色消费发展有显著影响，并表现出"成本效应"。

从经济分效应来看，投资、城市化对绿色消费经济效应有正向促进作用；由于"成本效应"创新投入量和创新产出量对绿色消费技术效应有负向影响作用；工业固体废物综合利用率对绿色消费的经济效应有负向显著影响，这可能是因为生态环境治理挤占了经济增长的资源，从而对私人经济部门产生"挤出效应"。从技术分效应来看，各因素对绿色消费技术效应影响均不显著。从生态分效应来看，增加投资能够通过技术提升或者优化产业结构对绿色消费生态环境产生正向显著影响；由于技术进步带动经济增长从而拉动消费造成更大的生态环境压力（回弹效应），因此创新投入对绿色消费生态效应产生消极影响；提升循环利用率对于绿色消费生态效应具有正向显著影响。

从个体层次的个体特征和行为意愿角度来看，环境认知作为前因变量，可以正向影响绿色消费态度、绿色消费主观准则、绿色消费感知行为控制三个变量，进而引致绿色消费意向和绿色消费行为的产生。环境认知还可以通过促进绿色消费意向的提升引致绿色消费行为，或者直接促进绿色消费行为的产生。此外，地区经济水平提升会正向影响绿色消费态度、绿色消费主观规范和绿色消费意向。地区经济水平越发达，人们绿色消费的态度越坚定，受到绿色消费等环境保护有关的外界约束就越多，从而可能感知到更多的绿色消费外界压力。经济水平越高地区的居民虽然越可能产生绿色消费意向，但其不会对绿色消费行为产生直接影响。而地区环境质量会在一定程度上抑制居民绿色消费意向的提升，把绿色消费带来的正外部性效应寄托于他人的消费行为。

第二节
政策建议

基于国内外绿色消费政策演进实际情况，立足绿色消费基本概念，为了有效弥补绿色消费现有短板，激发绿色消费发展动能，更好发挥绿色消费对居民消费的重要引领作用，满足人民日益增长的美好生活需要，需从生产、消费、环境三方面建立"三位一体"绿色消费系统，制定具有针对性的政策措施促进绿色消费发展。

一、升级绿色消费的生产体系

（一）加强绿色生产管理

第一，优先绿色产业布局。引进和扶持两手抓，合理引进适合当地经济社会发展和自然资源禀赋的绿色产业，扶持本土具有比较优势的新兴绿色产业发展。支持企业业务横向拓展，利用原有业务资源和供应渠道打开绿色消费市场，支持产业链纵向延伸，在传统产业链上下游中延伸出先进绿色产业。科学布局谋划绿色产业布局，通过搭建合理的绿色产业上下游产业链以此降低中间产品的流通和交易成本。发挥区域产业规模优势，积极联合周边地区绿色产业协同发展，避免产品同质化恶性竞争。第二，制定绿色产品行业标准。建立绿色消费在各行业的国家生产标准，组织行业协会、龙头企业、专家学者对绿色食品、绿色建材、新能源汽车等行业标准尚不明确的商品订立标准细则，尤其要加快完善绿色消费在服务业中标准化制定进程。鼓励不同地区和各类企业科学制定高于国家标准或行业标准的绿色产品和服务的地区及企业标准。建立一批绿色产品认证、检测专业机构，标准制定要面向世界，鼓励我国绿色产品标准走向国际，发挥我国绿色产品标准的引领和示范作用，带动世界绿色相关行业发展。第三，加强绿色生产监督。加快完善规范绿色生产过程中的投融资、财政税费、生态环境保护等政策体系，在企业生产全过程中执行严格的水耗、能耗、

"三废"排放、安全、质量等标准。建立绿色生产常规检查和主动申报制度，搭建绿色生产大数据平台，对辖区各企业生产和排放情况进行精准监督，对重点行业和企业的异常污染排放和耗能指数及时预警并进行干预。健全约束与激励并举的绿色产业发展制度，不盲目追求经济效益，设立经济效应和环境效应并重的考核指标。

（二）丰富绿色产品服务

第一，鼓励产品技术升级。要想方设法获得先进环保技术。既可以通过招聘外部专业人才、新建技术部门、加快内部技术人员培养等方式保障环保技术的研发，推动绿色技术在产品中的应用，实现产品技术的稳定升级；还可以通过资本重组并购拥有先进技术的企业等方式突破技术垄断和技术壁垒，实现产品技术水平的快速跃升。要千方百计促进环保技术的成果转化。扎根本土与本地高校进行深度产学研合作，推动先进技术到工业产品的转化；放眼世界与国际一流科研院所积极合作，促进前沿技术尽早落地。第二，打造绿色消费新场景。依据线上经济和线下经济的各自特点，将传统农家乐场景打造成生态农业、观光农业场景，将市中心老旧工业厂房改造成文创中心和演艺场馆，充分挖掘线下经济绿色发展的新场景和新模式；鼓励运用互联网、大数据、VR 等新技术发展远程办公、视频直播消费、无接触配送、远程医疗等新型服务业，减少不必要的出行交通成本，充分体现线上经济的绿色消费特点。第三，培育绿色驰名品牌。在文旅、康养、建筑、食品、农业、交通等各行业创建培育绿色名牌产品，积极构建涵盖一系列绿色品牌的产品生态圈，让消费者享用更齐全的绿色产品和服务。开展行业绿色产品领跑者计划，发挥龙头品牌的示范带动作用，鼓励各地实施系统性的绿色品牌发展战略，健全品牌培育、评价、宣传和保护机制，不断提升品牌知名度，推动各品牌不断推出不同档次的子品牌，进一步丰富不同消费群体的消费选择。

二、健全绿色消费的消费体系

（一）鼓励市场配置资源

第一，完善市场竞争机制。鼓励国内更多企业转型生产绿色产品，引入国外一流企业在国内投资设厂，促进国内绿色产品市场的竞争，刺激我国相关企业加快创新。在面对激烈的国际竞争时，要鼓励企业聚焦优势产品，苦练内功，走差异化发展道路。进一步加强知识产权保护工作，维护绿色产品生产企业的正当权益，更好发挥市场对资源的有效配置作用。加快我国反垄断法等政策法规与国际通行法规条例接轨，推动建设区域性绿色产品知识产权交易中心等平台，促进知识产权与资本资源高效对接。第二，优化绿色商品价格机制。不断深入推进自然资源型产品价格改革，兼顾考虑各地居民和企业实际承受能力。以健全城镇污染排放处理费动态调整机制和企业污染排放差别化收费机制为突破点进一步明确收费标准和收费项目，不重复收费，不改换名目收费，改革以真实推动企业减少排放和转型升级为目标。完善差别化电价定价机制，通过制定灵活的峰谷电价，促使企业合理安排生产计划，促进消费者节约用电并提升绿色消费意识，提高整个电力系统的运行效率，减少用电低谷时的电力损失。第三，全面推进碳市场机制。明确碳交易奖惩机制，加大碳交易激励和处罚力度，更好发挥碳市场的调节功能。依托大数据等现代技术加强对碳市场监督管理，使配额管理的行业和企业范围稳定扩大，将控排企业的碳排放、碳配额和碳交易信息统一纳入生态信息监测平台公开信息。联合金融部门加快碳衍生产品创新研究，适时推出碳期货等衍生产品，稳定投资者价格预期，降低碳交易市场风险。

（二）普及绿色消费教育

第一，加强绿色消费教育的广度。将绿色消费行为的教育和宣传工作由政府推向企业，由学生推向成人，由消费者推向生产者，由城镇推向乡村。既要坚持在体制内开展绿色消费教育，也要采取合作等方式将绿色消费教育在体制外落实；既要保持绿色消费教育在发达地区的执行，也要用专项资金助力绿色消费教育在偏远地区开展；既要发挥绿色消费教育在高收入高学历人群中的引领作用，也要重点关注绿色消费教育在各类人群中的普及效果。第二，加强绿色消费教育的深度。通过各类媒体及时对最新环境保护法律法规的修正进行解释宣传，从法律视角向公众阐述在绿色消费发展进程中个体的责任和义务；加强卫生健康知识的普及，让公众从健康管理角度明白绿色消费对自身健康水平的重要意义；加强对绿色消费政策制度的宣传，让公众了解政府制定绿色消费的初衷和目标，明确相关措施的合理依据，更加容易获得社会的理解和支持。第三，加强绿色消费教育的力度。将绿色消费教育由阶段性活动转变为长期性、系统性工程。构建学校—单位—社区"三位一体"的教育体系格局。在国民教育体系中增加绿色消费相关理论课程和实践训练，从小培养绿色消费素养，养成绿色消费习惯，掌握绿色消费技能。在工作单位中要求执行严格的绿色生产、绿色消费的规章制度，例如，双面打印、使用环保材料，提示员工注意日常工作行为，通过硬性和软性制度对人们的绿色消费理念进行再教育。在居民社区，通过社区工作人员和志愿者开展一系列"绿色生活、绿色消费"主题活动，提升垃圾分类执行质量，落实节能节水号召，以家庭为单位践行绿色消费。

三、提质绿色消费的环境体系

（一）优化绿色市场环境

第一，健全绿色消费维权机制。建立多级别、多门类的维权渠道，帮助消费者降低维权成本，减少维权时间。鼓励各地建立绿色消费争议仲裁中心和多门类专业鉴定机构，当出现绿色消费相关维权纠纷时，针对部分产品和服务绿色功能性模糊等特点，专业鉴定机构根据专门标准进行第三方检测，绿色消费争议仲裁中心根据检测结果快速调查、做出裁决，并进行公告，减免小额绿色消费仲裁费用，与其他高标的、耗时长的既有仲裁机制形成良性互补。第二，优化绿色消费营商环境。着力推进针对绿色企业的"放管服"改革，不断优化区域能评、环评、环境标准项目审批，使环评申报材料和审批程序不断精简，通过一站式办理和网上办理的方式提高政务服务效率。建立企业环保信用体系，充分发挥市场诚信和行业自律机制效用，推出环保白名单，降低白名单企业制度性交易成本促进其聚焦业务本身。推动政府绿色采购优化营商环境，科学圈定政府绿色采购范围，在采购规定编制时，应将"绿色"理念纳入基本原则，评审标准和方法应充分彰显绿色采购优先导向，避免倾向性和排他性条款，保证绿色采购的公平公正性。第三，升级绿色消费配套设施。推进绿色物流体系建设，实现商品包装、货物存储、产品运输和配送等物流供应链的绿色低碳化；优化绿色仓储体系布局，推动仓储中心设立与区域铁路、公路、水运、航空运输网络相配套，在各主要城市建立不同规模的绿色仓储中心，通过对各城市重要商品预判，科学联动调度库存，减少运输和仓储耗能；合理布局新能源汽车充电桩，降低商品在运输、配送过程中的耗能成本（毛中根等，2020）。

（二）营造绿色生态环境

第一，节约生态资源。在生产、消费、消费后全过程加强集约管理，在降低土地、水、电能消耗强度的基础上提高资源利用效率，彻底转变传统产业发展对资源的过度依赖，发展资源消耗少、对环境破坏小的产业，重视高新技术产业发展，培育高成长性产业，走新型工业化道路。推广太阳能、风能、生物能等清洁能源技术在居民生活场景中的应用，用较少的资源和环境代价换取人民生活水平较多的提高。加大绿色商品贸易往来，扩大节能、节水、节材等先进技术和设备进口。第二，发展循环经济。注重生活消费和工业生产过程中余热余压回收、中水循环、废渣再利用等绿色改造，促进生产过程中"三废"和能源循环。产品包装的生产和设计应当符合减少资源消耗和可循环利用的原则要求，优先考虑易分解、易拆解、易回收的生产材料和轻排放、无毒性、少耗能的生产工艺。推动国际循环经济合作机制建立，突破各国地域的局限，弥补由于各国产业、技术和市场需求不同造成的产业材料回收再利用率低的短板。第三，坚持环境治理。保护环境和环境治理并重，坚决打好污染防治攻坚战，不断提升污染治理投资在 GDP 中的比重。科学治理充分发挥生态系统自我恢复功能，通过构建各种水生植物、水生动物、微生物、土壤共同组成的城市生态净化系统来净化水体。全面推进农村污染治理，建立健全可行性高、种类多样的农村生活垃圾收集运输处置体系。加强农村厕所改造和生活污水排放治理的有效衔接，同步建设农村化粪池或配套污水管网，防止粪污直接排放，探索推广支持粪污无害化处理和资源化利用的新设备和新技术。

第三节
研究展望

近年来，我国绿色消费发展取得了长足进步，绿色消费意识逐步深入人心，绿色生产技术走向成熟，绿色生态环境不断提质，但随着我国经济增长转型走向深水区，以及人民日益增长的对更好环境、更优品质生活的追求，绿色消费的发展实践对绿色消费的理论研究提出了更高的要求，解决这些问题是未来绿色消费理论研究的重要方向。

第一，绿色消费发展与经济增长之间作用机制研究不足。绿色消费与环境、社会和经济的可持续发展密切联系。发展绿色消费的目的之一是为了更好地发展经济，但绿色消费对经济增长的作用关系比较复杂。Akenji（2014）认为，经济增长和环境保护两者是矛盾的，绿色消费主义也要求消费者承担起保持经济增长的责任。已有文献往往研究居民绿色消费的某一个孤立领域，关于绿色消费发展与经济增长之间的动力机制研究不足。例如，从居民绿色居住角度来说，大量文献研究主要集中在绿色建筑本身，包括绿色建筑的定义和范畴，绿色建筑的收益和成本，以及如何打造绿色建筑。这些文献主要考虑可持续性环境方面，如能源消费、水效率、温室气体排放及其相关科技解决方案，但关于居民绿色居住的可持续性对经济社会促进作用相关研究还较少。因此，未来应加强绿色消费发展对经济增长的影响分析，加强绿色消费发展和经济增长之间作用机制的研究有利于深入挖掘最优的绿色消费发展模式，为探究绿色经济发展新路径提供理论指导。

第二，消费者绿色消费的真实需求研究有待加强。由于态度—行为差异在绿色消费中普遍存在，消费者绿色消费的真实需求可能并不明确。Niinimäki（2010）在研究生态服饰时认为，厂商、设计师及零售商并不完全了解消费者的需求，不明确消费者想从生态时尚中获得什么。由此可见，现在的生态时尚趋势和道德服饰仅仅是针对一小部分消费者而言。Han 等（2011）在检验消费者生态友好态度是否会影响其环境友好目的从而选择绿色酒店时，未根据酒店的类型将消费者分类，可能导致结果不能准确反映消费者绿色消费的真实需求。因此，应加强绿色消费行为的环境影响和绿色消费真实动机之间潜在区别研究，明确哪些因素可能造成消费者绿色消费的态度—行为差异，可以通过异质性分析来探明绿色消费者的真实需求，并指明不同特征消费群体的需求异同。

第三，加强人的主观能动性对绿色消费的影响机制研究。国内针对绿色消费的经济学研究大多是基于宏观视角，从经济、制度、技术等维度进行检验。由于绿色消费是大量微观个体行为的集合，在此研究的基础上，可以进一步借助中国社会综合调查（CGSS2010/CGSS2013）中环境模块等微观数据库就个体能动性对绿色消费行为的影响机制做出更深入分析。可以基于相对成熟的计划行为理论、理性行为理论、知信行理论框架，重点研究个体认知、个体素养、个体习惯对绿色消费行为的影响机制。厘清绿色消费的宏观影响因素和微观驱动机制，有助于更好制定发展绿色消费的政策措施。

第四，绿色消费研究需加强交叉学科研究。绿色消费自身特点决定其研究需借鉴多学科研究范式。绿色消费相关研究往往涉及诸多学科内容，包括行为学、环境经济学、消费经济学、市场营销学、工业生态学、人类学、法学、社会学、食品科学、环境心理学、生态经济学以及地理学等，仅依靠单一学科研究方法很难对绿色消费进行全面深刻剖析。随着时间的推移，消费者绿色行为研究的对象和方法将变得越来越复杂。因此，未来绿色消费研究要加强各学科的交叉融合，运用行为经济学、心理学等学科研究方法，从微观角度分析绿色消费的个体行为特征；运用消费经济学、生态经济学等学科研究方法，从宏观经济角度把握绿色消费发展的影响因素和内在机理。将微观和宏观研究视角相结合，提出合理有效的绿色消费发展政策建议。

参考文献

［1］Ajzen L(1985)，"From Intentions to Actions：A Theory of Planned Behavior"，In：*Kuhl J, Beckman J.（Eds.），Action-control：From cognition to behavior.*（pp. 11-39）Heidelberg：Springer.

［2］Ajzen I(2002)，"Perceived Behavioral Control，Self-Efficacy，Locus of Control，and The Theory of Planned Behavior"，*Journal of Applied Social Psychology*，32(4)，pp. 665-683.

［3］Akenji，L(2014)，"Consumer Scapegoatism and Limits to Green Consumerism"，*Journal of Cleaner Production*，63，pp. 13-23.

［4］Amel，E. L.，C. M. Manning and B. A. Sccot(2009)，"Mindfulness and Sustainable Behavior：Pondering Attention and Awareness as Means for Increasing Green Behavior"，*Ecopsychology*，1(1)，pp. 14-25.

［5］Atkinson，L. and S. Rosenthal(2014)，"Signaling the Green Sell：The Influence of Eco-label Source，Argument Specificity，and Product Involvement on Consumer Trust"，*Journal of Advertising*，43(1)，pp. 33-45.

［6］Ayres，R. U（2008），"Sustainability Economics：Where do We Stand?"*Ecological Economics*，67，pp. 281-310.

［7］Barber，N. A. and C. Deale(2014)，"Tapping Mindfulness to Shape Hotel Guests' Sustainable Behavior"，*Cornell Hospitality Quarterly*，55(1)，pp. 100-114.

［8］Barker T.，Ekins P.，Foxon T(2007)，"The Macro-economic Rebound Effect and the UK Economy"，*Energy Policy*，35(10)，pp. 4935-4946.

［9］Borin，N.，J. L. Mullikin and R. Krishna(2013)，"An Analysis of Consumer Reactions to Green Strategies"，*Journal of Product & Management*，22(2)，pp. 118-128.

［10］Bougherara，D. and P. Combris(2009)，"Eco-labelled Food Products：What are Consumers Paying for?"，*European Review of Agricultural Eco-*

nomics, 36(3), pp. 321−341.

[11] Brach, S., G. Walsh and D. Shaw(2018), "Sustainable Consumption and Third−party Certification Labels: Consumers' Perceptions and Reactions", *European Management Journal*, 36(2), pp. 254−265.

[12] Brookes L. G(1990), "The Greenhouse Effect: Fallacies in the Energy Effi−ciency Solution", *Energy Policy*, (3), pp. 199−201.

[13] Carrete, L. Castano, R. Felix, R. et al. (2012), "Green Consumer Behavior in an Emerging Economy Confusion, Credibility, and Compatibility", *Journal of Consumer Marketing*, 29(7), pp. 470−481.

[14] Cerjak, M., E. Mesisupa and M. Kopisupb, et al. (2010), "What Motivates Consumers to Buy Organic Food: Comparison of Croatia", *Journal of Food Products Marketing*, 16(3), pp. 278−292.

[15] Chan, R. Y. K (2001), "Determinants of Chinese Consumers' Green Purchase Behavior", *Psychology & Marketing*, 18(4), pp. 389−413.

[16] Chan, R. Y. K., Y. H. Wong and T. Leung (2008), " Applying Ethical Concepts to the Study of Green" "Consumer Behavior: An Analysis of Chinese Consumers' Intentions to Bring their own Shopping Bags", *Journal of Business Ethics*, 79, pp. 469−481.

[17] Chen M. and P. Tung(2014), "Developing an Extended Theory of Planned Behavior Model to Predict Consumers' Intention to Visit Green Hotels", *International Journal of Hospitality Management*, 36, pp. 221−230.

[18] Chen, J., Xu, C., Cui, L., Huang, S., Song, M(2019), "Driving Factors of CO_2 Emissions and Inequality Characteristics in China: A Combined Decomposition Approach", *Energy Economics*, 78(2), pp. 589−597.

[19] Chen, J. and A. Lobo(2012), "Organic Food Products in China: Determinants of Consumers' Purchase Intentions", *The International Review of Retail, Distribution and Consumer Research*, 22(3), pp. 293−314.

[20] Chen, Y. S (2010), "The Drivers of Green Brand Equity: Green Brand Image, Green Satisfaction, and Green Trust", *Journal of Business Ethics*, 93(2), pp. 307−319.

［21］ Chen, Y. S. and C. H. Chang (2013), "Towards Green Trust: The Influences of Green Perceived Quality, Green Perceived Risk, and Green Satisfaction", *Management Decision*, 51(1), pp. 63−82.

［22］ Choi D. , Johnson K. K. P (2019), "Influences of Environmental and Hedonic Motivations on Intention to Purchase Green Products: An Extension of the Theory of Planned Behavior", *Sustainable Production and Consumption*, 18, pp. 145−155.

［23］ Cohen, M. J (2005), "Sustainable Consumption American Style: Nutrition Education, Active Living and Financial Literacy", *International Journal of Sustainable Development & World Ecology*, 12(4), pp. 407−418.

［24］ Dietz T. , Rosa E. A (1994), "Rethinking the Environmental Impacts of Population, Affluence, and Technology", *Human Ecology Review*, 1, pp. 277−300.

［25］ Druckman, A. , A. Druckman and M. Chitnis, et al. (2011), "Missing Carbon Reductions? Exploring Rebound and Backfire Effects in UK Households", *Energy Policy*, 39(6), pp. 3572−3581.

［26］ Dunlap R E. , Robert J. (2002), *Environmental Concern: Conceptual and Meas−Uiement Issues*, New York: Greenwood Press.

［27］ Eckhardt, G. M. , R. Belk and T. M. Devinne (2010), "Why don't Consumers Consume Ethically", *Journal of Consumer Behaviour*, 9(6), pp. 426−436.

［28］ Ehrlich, P. R. , Holdren J. P. (1971), "Impact of Population Growth Science", *New Series*, 171(3977), pp. 1212−1217.

［29］ Ericson, T. , B. G. Kjønstad and A. Barstad (2014), "Mindfulness and Sustainability", *Ecological Economics*, 104, pp. 73−79.

［30］ Fishbein M, Ajzen I (1975), *Belief, Attitude, Intentions, and Behavior: An Introduction to Theory and Research*, MA: Addison−Wesley.

［31］ Fuchs, D. A. & S. Lorek (2005), "Sustainable Consumption Governance: A History of Promises and Failures", *Journal of Consumer Policy*, 28 (3), pp. 261−288.

［32］ Gatersleben, B. , N. Murtagh and W. Abrahamse (2014), "Values, Identity and Pro−environmental Behavior", *Contemporary Social Science*,

9(4), pp. 374-392.

[33] Gilg, A., S. Barr and N. Ford (2005), "Green Consumption or Sustainable Lifestyles? Identifying the Sustainable Consumer", *Futures*, 37 (6), pp. 481-504.

[34] Greening L. A., Greene D. L., Difiglio C (2000), "Energy Efficiency and Con-sumption—the Rebound Effect—A Survey", *Energy Policy*, 28 (6-7), pp. 389-401.

[35] Grinstein A., Nisan U (2009), "Demarketing, Minorities, and National Attachment", *Journal of Marketing*, 73(3), pp. 105-122.

[36] Groening, C., J. Sarkis and Q. Zhu (2018), "Green Marketing Consumer-level Theory Review a Compendium of Applied Theories and Further Research Directions", *Journal of Cleaner Production*, 172, pp. 1848-1866.

[37] Grossman, G. M. and Krueger A. B(1995), "Economic Growth and the Environment", *Quarterly Journal of Economics*, 110(2), pp. 353-377.

[38] Grossman, G. M. (1995), "Pollution and Growth. What Do We Know?" *The Economics of Sustainable Development*. Cambridge, Cambridge University Press, pp. 19-47.

[39] Han, H., L. J. Hsu and J. Lee (2011), "Are Lodging Customers Ready to Go Green? An Examination of Attitudes, Demographics, and Eco-friendly Intentions", *International Journal of Hospitality Management*, 30(2), pp. 345-355.

[40] Han, H., L. T. J. Hsu and C. Sheu (2010), "Application of the Theory of Planned Behavior to Green Hotel Choice: Testing the Effect of Environmental Friendly Activities", *Tourism Management*, 31(3), pp. 325-334.

[41] Harrison, R., Newholm, T. and Shaw, D (2005), *The Ethical Consumer*, SAGE Publications, London.

[42] Haws, K. L., K. P. Winterich and Naylor, et al. (2014), "Seeing the World Through GREEN-tinted Glasses: Green Consumption Values and Responses to Environmentally Friendly Products", *Journal of Consumer Psychology*, 24(3), pp. 336-354.

[43] Jansson, J. M. A. A (2010), "Green Consumer Behavior Determi-

nants of Curtailment and Eco-innovation Adoption", *Journal of Consumer Marketing*, 27(4), pp. 358-370.

[44] Joshi, Y. and Z. Rahman (2015), "Factors Affecting Green Purchase Behaviour and Future Research Directions", *International Strategic Management Review*, 3(1-2), pp. 128-143.

[45] Khazzom J. D. (1980), "Economic Implications of Mandated Efficiency in Standards for Household Appliances", *Energy Journal*, 1(4), pp. 21-40.

[46] Kilbourne, W. and Pickett, G(2008), "How Materialism Affects Environmental Beliefs, Concern, and Environmentally Responsible Behavior", *Journal of Business Research*, 61(9), pp. 885-893.

[47] Kim, Y., Y. Sunyoung and L. Joosung (2016), "How Consumer Knowledge Shapes Green Consumption: An Empirical Study on Voluntary Carbon Offsetting", *International Journal of Advertising*, 35(1), pp. 23-41.

[48] Koller, M., A. Floh and A. Zauner(2011), "Further Insights into Perceived Value and Consumer Loyalty: A Green Perspective", *Psychology & Marketing*, 28(12), pp. 1154-1176.

[49] Lao, K. (2014), "Research on Mechanismof Consumer Innovativeness Influencing Green Consumption Behavior", *Nankai Business Review International*, 5(2), pp. 211-224.

[50] Laureti, T. and I. Benedetti(2018), "Exploring Pro-environmental Food Purchasing Behaviour: An Empirical Analysis of Italian Consumers", *Journal of Cleaner Production*, 172, pp. 3367-3378.

[51] Leary, R. B., J. V. Richard and J. D. Mittelstaedt (2014), "Changing the Marketplace One Behavior at a Time: Perceived Marketplace Influence and Sustainable Consumption", *Journal of Business Research*, 67(9), pp. 1953-1958.

[52] Lebel, L. and S. Lorek(2008), "Enabling Sustainable Production-consumption Systems", *Annual Review of Environment & Resources*, 33, pp. 241-75.

[53] Lenkoski A, Eicher T. S., Raftery A. E (2013), "Two - stage Bayesian Model Averaging in Endogenous Variable Models", *Econometric Re-*

views，33(14)，pp. 122-151.

[54] Leonidou，L. C. ，C. N. Leonidou and O. Kvasova(2010)，"Antecedents and Outcomes of Consumer Environmentally Friendly Attitudes and Behavior"，*Journal of Marketing Management*，26(13-14)，pp. 1319-1344.

[55] Lin，Y. and C. A. Chang(2012)，"Double Standard：The Role of Environmental Consciousness in Green Product Usage"，*Journal of Marketing*，76(5)，pp. 125-134.

[56] Liu，X. ，C. Wang and T. Shishime(2010)，"Environmental Activisms of Firm's Neighboring Residents：An Empirical Study in China"，*Journal of Cleaner Production*，18(10-11)，pp. 1001-1008.

[57] Lorek，S. & D. Fuchs (2013)，"Strong Sustainable Consumption Governance-Precondition For a Degrowth Path?"，*Journal of Cleaner Production*，38，pp. 36-43.

[58] Lorek，S. & J. H. Spangenberg(2014)，"Sustainable Consumption Within a Sustainable Economy-Beyond Green Growth and Green Economies"，*Journal of Cleaner Production*，63，pp. 33-44.

[59] Luchs，M. G. and T. A. Mooradian(2012)，"Sex，Personality，and Sustainable Consumer Behaviour：Elucidating the Gender Effect"，*Journal of Consumer Policy*，35(1)，pp. 127-144.

[60] Mamun，A，MR. Mohamad，MRB. Yaacob and M. Mohiuddin(2018)，"Intention and Behavior Towards Green Consumption Among Low-income Households"，*Journal of Environmental Management*，227，pp. 73-86.

[61] Meadows，D. H. and the Club of Rome (1972)，*The Limits to Growth：A Report to The Club of Rome*，New York：Universe Books.

[62] Menon A. and Menon A(1997)，"Enviropreneurial Marketing Strategy：The Emergence of Corporate Environmentalism as Market Strategy"，*Journal of Marketing*，61(1)，pp. 51-67.

[63] Mersarovic，M. and E. Pestel(1974)，*Mankind at the Turning Point*，New York：Dutton Press.

[64] Moloney，S. and Y. Strengers(2014)，"Going Green：The Limitations of Behaviour Change Programmes as a Policy Response to Escalating Re-

source Consumption", *Environmental Policy and Governance*, 24(2), pp. 94-107.

[65] Mont, O. and A. Plepys (2008), "Sustainable Consumption Progress: Should We be Proud or Alarmed?", *Journal of Cleaner Production*, 16 (40), pp. 531-37.

[66] Nguyen, H. V., C. H. Nguyen and T. T. B. Hoang(2019), "Green Consumption: Closing the Intention-behavior Gap", *Sustainable Development*, 27(1), pp. 118-129.

[67] Niinimäki, K. (2010), "Eco-clothing, Consumer Identity and Ideology", *Sustainable Development*, 18(3), pp. 150-162.

[68] Nittala, R. (2014), "Green Consumer Behavior of the Educated Segment in India", *Journal of International Consumer Marketing*, 26 (2), pp. 138-152.

[69] Olson, E. L. (2013), "It's not Easy being Green: The Effects of Attribute Rradeoffs on Green Product Preference and Choice", *Journal of the Academy of Marketing Science*, 41(2), pp. 171-184.

[70] Paul, J., A. Modi and J. Patel(2016), "Predicting Green Product Consumption Using Theory of Planned Behavior and Reasoned Action", *Journal of Retailing and Consumer Services*, 29, pp. 123-134.

[71] Paçoa, A., C. Shiel and H. Alves(2019), "A New Model for Testing Green Consumer Behavior", *Journal of Cleaner Production*, 207, pp. 998-1006.

[72] Peattie, K(2010), "Green Consumption: Behavior and Norms", *Annual Review of Environment and Resources*, 35(1), pp. 195-228.

[73] Peattie, K. and F. M. Belz(2010), "Sustainability Marketing — An Innovative Conception of Marketing", *Marketing Review St. Gallen*, 27 (5), pp. 8-15.

[74] Prothero, A., S. Dobscha and J. Freund, et al. (2011), "Sustainable Consumption: Opportunities for Consumer Research and Public Policy", *Journal of Public Policy & Marketing*, 30(1), pp. 31-38.

[75] Qi, X. and N. Ploeger(2019), "Explaining Consumers' Intentions

towards Purchasing Green Good in Qingdao, China: The Amendment and Extension of the Theory of Planned Behavior", *Appetite*, 133, pp. 414-422.

[76] Rahbar, E. and N. A. Wahid(2011), "Investigation of Green Marketing Tools' Effect on Consumers' Purchase Behavior", *Business Strategy Series*, 12(2), pp. 73-83.

[77] Ramayah, T., J. W. C. Lee and O. Mohamad (2020), "Green Product Purchase Intention: Some Insights from a Developing Country", *Resources, Conservation and Recycling*, 54(22), pp. 1419-1427.

[78] Roberts, J. A (1993), "Sex Differences in Socially Responsible Consumers' Behavior,"*Psychological Reports*, 73(1), pp. 139-148.

[79] Robinson, R. and C. Smith(2002), "Psychosocial and Demographic Variables Associated with Consumer Intention to Purchase Sustainable Produced Foods as Defined by the Midwest Food Alliance", *Journal of Nutrition Education and Behavior*, 34(6), pp. 316-325.

[80] Rumpala, Y(2011), "Sustainable Consumption as a New Phase in a Governmentalization of Consumption", *Theory and Society*, 40(6), pp. 669-699.

[81] Rustam A., Wang Y, Zameer H. (2020), "Environmental Awareness, Firm Sustainability Exposure and Green Consumption Behaviors", *Journal of Cleaner Production*, 268, p. 122016.

[82] Sapp S. G(2002), "Incomplete knowledge and attitude-behavior inconsistency", *Social Behavior and Personality*, 30(1), pp. 37-45.

[83] Scholl, G., R. Frieder and K. Harri(2010), "Policies to Promote Sustainable Consumption: Innovative Approaches in Europe", *Natural Resources Forum*, 34(1), pp. 39-50.

[84] Sheth, J. N., N. K. Sethia and S. Srinivas(2011), "Mindful Consumption: A Customer - centric Approach to Sustainability", *Journal of the Academy of Marketing Science*, 39(1), pp. 21-39.

[85] Simon J. L (1981), *The Ultimate Resource*, Princeton University Press, Princeton, New Jersey.

[86] Souza, C., M. Taghian and R. Khosla (2007), "Examination of

Environmental Beliefs andits Impact on the Influence of Price, Quality and Demographic Characteristics with Respect to Green Purchase Intention", *Journal of Targeting*, *Measurement and Analysis for Marketing*, 15(2), pp. 69–78.

[87] Spangenberg, J. H., A. F. Luke and K. Blincoe(2010), "Design for Sustainability(DfS): The Interface of Sustainable Production and Consumption", *Journal of Cleaner Production*, 18(15), pp. 1485–1493.

[88] Steg, L. and C. Vlek(2009), "Encouraging Pro–environmental Behaviour: An Integrative Review and Research Agenda", *Journal of Environmental Psychology*, 29(3), pp. 309–317.

[89] Tan, L. P., M. L. Johnstone and L. Yang (2016), "Barriers to Green Consumption Behaviours: The Roles of Consumers' Green Perceptions", *Australasian Marketing Journal*, 24(4), pp. 288–299.

[90] Tilikidou, I. (2013), "Evolutions in the Ecologically Conscious Consumer Behaviour in Greece", *EuroMed Journal of Business*, 8(1), pp. 17–35.

[91] Tripathi, A. and M. P. Singh(2016), "Determinants of Sustainable/Green Consumption: A review", *Int. J. Environmental Technology and Management*, 19(3–4), pp. 316–358.

[92] Tsakiridou, E., B. Christina and Z. Yorgos(2008), "Attitudes and Behaviour towards Organic Products: An Exploratory Study", *International Journal of Retail & Distribution Management*, 36(2), pp. 158–175.

[93] Tseng, C. J. and S. C. Tsai (2011), "Effect of Consumer Environmental Attitude on Green Consumption Decision–making", *Pakistan Journal of Statistics*, 27(5), pp. 699–708.

[94] Vermeir, I. and W. Verbeke(2006), "Sustainable food Consumption: Exploring the Consumer Attitude–behavioral Intention Gap", *Journal of Agricultural and Environmental Ethics*, 19(2), pp. 169–194.

[95] Vittersø, G. T. and Tangeland(2015), "The Role of Consumers in Transitions Towards Sustainable Food Consumption. The Case of Organic Food in Norway", *Journal of Cleaner Production*, 92(1), pp. 91–99.

[96] Waggoner P E(2004), "Agricultural Technology and its Societal Implications", *Technology in Society*, 26, pp. 123–136.

［97］Weitzman，Martin L（1999），Pricing the Limits to Growth by Min-eraldepletion. *Quarterly Journal of Economics*，114（2），pp. 691-706.

［98］Welsch，H. and J. Kühling（2009），"Determinants of Pro-environ-mental Consumption：The Role of Reference Groups and Routine Behavior"，*Ecological Economics*，69（1），pp. 166-176.

［99］Wicker，A. W.（1969），"Attitudes versus Actions：The Relation-ship of Verbal and Overt Behavior Response to Attitude Objects"，*Journal of So-cial Issues*，25（4），pp. 41-78.

［100］Yadav，R. and G. S. Pathak（2017），"Determinants of Consumers' Green Purchase Behavior in a Developing Nation：Applying and Extending the Theory of Planned Behavior."*Ecological Economics*，134，pp. 114-122.

［101］Yadav，R.，M. S. Balaji and C. Jebarajakirthy（2019），"How Psychological and Contextual Factors Contribute to Travelers' Propensity to Choose Green Hotels?"，*International Journal of Hospitality Management*，77，pp. 385-395.

［102］Yang，M.，Chen H.，Long R，et al（2020），Overview，Evolu-tion and Thematic Analysis of China's Green Consumption Policies：A Quantita-tive Analysis Based on Policy Texts，*Sustainability*，12（20），pp. 8411.

［103］York R.，Rosa E A，Dietz T（2003），"STIRPAT，IPAT and Im-PACT：Analytic Tools for Unpacking the Driving Forces of Environmental Im-pacts"，*Ecological Economics*，46，pp. 351-365.

［104］Young，W.，K. Hwang and S. Mcdonald et al.（2010），"Sustain-able Consumption：Green Consumer Behaviour When Purchasing Products"，*Sustainable Development Journal*，18（1），pp. 20-31.

［105］Yuan T. T.，Guan Q. T.，Box（2020），"An Empirical Study of the Government Pro-environment Policy Leading Effects on Multi-level Factors That influences on People's Green Consumption Behaviour"，IOP Conference Series：Earth and Environmental Science，576，p. 012016.

［106］Zabkar，V. and M. Hosta（2013），"Willingness to Act and Envi-ronmentally Conscious Consumer Behaviour：Can Prosocial Status Perceptions Help Overcome the Gap"，*International Journal of Consumer Studies*，37（3）， pp. 257-264.

［107］Zhang, H., M. L. Lahr and J. Bi（2016）,"Challenges of Green Consumption in China: A Household Energy Use Perspective", *Economic Systems Research*, 28(2), pp. 183-201.

［108］Zhou, Y., W. Michael and H. Han（2015）,"Plug-in Electric Vehicle Market Penetration and Incentives: A Global Review", *Mitigation and Adaptation Strategies for Global Change*, 20(5), pp. 777-795.

［109］安树民，张世秋. 经济学可持续发展思想的历史追溯及中国的实践［J］. 学海，2017(2)：162-167.

［110］彼得·道维尼. 消费的阴影对全球环境的影响［M］. 蔡媛媛，译. 南京：江苏人民出版社，2019：41-50.

［111］蔡华杰. 论新自由主义"绿色化"的渊源及其局限［J］. 马克思主义研究，2018(4)：80-88.

［112］陈祖海，雷朱家华. 中国环境污染变动的时空特征及其经济驱动因素［J］. 地理研究，2015，34(11)：2165-2178.

［113］邓仲良. 中国服务业发展及其集聚效应：基于空间异质性的视角［J］. 改革，2020(7)：119-133.

［114］丁志华. 绿色消费的实践发展和演变机制［J］. 人民论坛，2023(18)：36-39.

［115］干春晖，郑若谷，余典范. 中国产业结构变迁对经济增长和波动的影响［J］. 经济研究，2011，46(5)：4-16+31.

［116］高鹭，张宏业. 生态承载力的国内外研究进展［J］. 中国人口·资源与环境，2007(2)：19-26.

［117］龚继红，何存毅，曾凡益. 农民绿色生产行为的实现机制——基于农民绿色生产意识与行为差异的视角［J］. 华中农业大学学报（社会科学版），2019(1)：68-76+165-166.

［118］郭蕾，赵益民. 中国的消费减排政策演进：2003—2021 年［J］. 中国人口·资源与环境，2023，33(1)：186-196.

［119］国涓，郭崇慧，凌煜. 中国工业部门能源反弹效应研究［J］. 数量经济技术经济研究，2010，27(11)：114-126.

［120］何小钢，张耀辉. 中国工业碳排放影响因素与 CKC 重组效应——

基于 STIRPAT 模型的分行业动态面板数据实证研究[J].中国工业经济，2012（1）：26-35.

［121］洪大用，范叶超，肖晨阳.检验环境关心量表的中国版（CNEP）——基于 CGSS2010 数据的再分析[J].社会学研究，2014，29（4）：49-72+243.

［122］胡雪萍.绿色消费[M].北京：中国环境出版社，2016.

［123］黄韫慧，杨璐."双碳"背景下的绿色消费转型：动因、困境与路径[J].江海学刊，2023（4）：79-85+255.

［124］靳敏.中国绿色消费政策研究[M].北京：中国人民大学出版社，2020.

［125］柯忠义.创业板上市公司经济绩效及影响因素——基于贝叶斯模型平均法（BMA）的实证研究[J].数量经济技术经济研究，2017，34（1）：146-161.

［126］蓝震森，冉光和.农村可持续消费增长潜力问题及对策研究[J].农业经济问题，2017，38（3）：45-54.

［127］劳可夫.消费者创新性对绿色消费行为的影响机制研究[J].南开管理评论，2013，16（4）：106-113+132.

［128］雷明，虞晓雯.地方财政支出、环境规制与我国低碳经济转型[J].经济科学，2013（5）：47-61.

［129］李广培，李艳歌，全佳敏.环境规制、R&D 投入与企业绿色技术创新能力[J].科学学与科学技术管理，2018，39（11）：61-73.

［130］李建豹，黄贤金，吴常艳，周艳，徐国良.中国省域碳排放影响因素的空间异质性分析[J].经济地理，2015，35（11）：21-28.

［131］李霞，彭宁，周晔.国际可持续消费实践与政策启示[J].中国人口·资源与环境，2014，24（5）：46-50.

［132］李宪印，于婷，刘忠花.基于 EBA 模型的高校创新与区域创新的协同作用研究[J].经济与管理评论，2017，33（2）：41-47.

［133］李志青.绿色发展的经济学分析[M].上海：复旦大学出版社，2019.

［134］林伯强，毛东昕.中国碳排放强度下降的阶段性特征研究[J].金融研究，2014（8）：101-117.

［135］林伯强，谭睿鹏．中国经济集聚与绿色经济效率［J］．经济研究，2019，54（2）：119-132.

［136］刘晓薇，郭航帆．绿色消费的制度选择［J］．当代经济研究，2011（3）：39-42.

［137］刘奕，夏杰长，李垚．生产性服务业集聚与制造业升级［J］．中国工业经济，2017（7）：24-42.

［138］毛中根，谢迟，叶胥．新时代中国新消费：理论内涵、发展特点与政策取向［J］．经济学家，2020（9）：64-74.

［139］毛中根，谢迟，叶胥．中国居民消费 70 年：演进、政策及挑战［J］．中国社会科学（内部文稿），2019（6）：64-83.

［140］毛中根，谢迟．客观看待疫情对居民消费的影响［N］．光明日报，2020-02-24（智库版）.

［141］倪琳，成金华，李小帆，杨昕．中国生态消费发展指数测度研究［J］．中国人口·资源与环境，2015（3）：1-11.

［142］倪琳，李梦琴，游雪梅．基于熵权法的我国生态消费发展状况评价研究［J］．生态经济，2015，31（9）：80-84+109.

［143］欧阳澜，汪树东．传统生态智慧在当代生态文学中的赓续［J］．华中科技大学学报（社会科学版），2018，32（5）：32-39.

［144］欧阳艳艳，陈浪南，李子健．基础设施与城乡房价、房租：基于贝叶斯模型平均的微观研究［J］．系统工程理论与实践，2020，40（11）：2825-2838.

［145］潘家华，张丽峰．我国碳生产率区域差异性研究［J］．中国工业经济，2011（5）：47-57.

［146］潘家华．人文发展分析的概念构架与经验数据——以对碳排放空间的需求为例［J］．中国社会科学，2002（6）：15-25+204.

［147］彭云辉，沈曦．经济管理中常用数量方法［M］．北京：经济管理出版社，2011：196.

［148］邵帅，杨莉莉，曹建华．工业能源消费碳排放影响因素研究——基于 STIRPAT 模型的上海分行业动态面板数据实证分析［J］．财经研究，2010，36（11）：16-27.

［149］盛光华，龚思羽，解芳．中国消费者绿色购买意愿形成的理论

依据与实证检验——基于生态价值观、个人感知相关性的 TPB 拓展模型[J]. 吉林大学社会科学学报，2019，59(1)：140-151+222.

[150] 盛光华，庞英，张志远. 生态红线约束下环境关心对绿色消费意图的传导机制研究[J]. 软科学，2016，30(4)：85-88+92.

[151] 师硕，黄森慰，郑逸芳. 环境认知、政府满意度与女性环境友好行为[J]. 西北人口，2017，38(6)：44-50.

[152] 孙锌，刘晶茹. 家庭消费的反弹效应研究进展[J]. 中国人口·资源与环境，2013，23(S1)：6-10.

[153] 唐晓华，陈阳，张欣钰. 中国制造业集聚程度演变趋势及时空特征研究[J]. 经济问题探索，2017(5)：172-181.

[154] 田红娜，毕克新，吕萍. 制造业绿色工艺创新的动力机制研究[J]. 湖南大学学报(社会科学版)，2013，27(1)：78-84.

[155] 王锋，吴丽华，杨超. 中国经济发展中碳排放增长的驱动因素研究[J]. 经济研究，2010，45(2)：123-136.

[156] 王建明，赵婧. 消费者对绿色消费监管政策的选择偏好和政策组合效果模拟[J]. 中国人口·资源与环境，2021，31(12)：104-115.

[157] 王建明. 资源节约意识对资源节约行为的影响——中国文化背景下一个交互效应和调节效应模型[J]. 管理世界，2013(8)：77-90+100.

[158] 王鹏，谢丽文. 污染治理投资、企业技术创新与污染治理效率[J]. 中国人口·资源与环境，2014，24(9)：51-58.

[159] 王亲，郭峰，许新宇，李伟伟. 中国城市环境治理效率评估及其时空变异研究[J]. 世界地理研究，2012，21(4)：153-162.

[160] 王圣云. 中国人类福祉变化的驱动效应及时空分异[J]. 地理科学进展，2016(5)：632-643.

[161] 王文军，刘丹. 绿色发展思想在中国 70 年的演进及其实践[J]. 陕西师范大学学报(哲学社会科学版)，2019，48(6)：5-14.

[162] 王毅杰，余庆洋，王刘飞. 社会经济地位、环境关心与城镇居民绿色消费[J]. 北京理工大学学报(社会科学版)，2019，21(4)：56-63.

[163] 文启湘. 消费经济学[M]. 西安：西安交通大学出版社，2005：138.

[164] 夏云娇，才惠莲. 清朝政令的生态环境效应探讨[J]. 理论月

刊，2006(10)：52-55.

[165] 向书坚，郑瑞坤．中国绿色经济发展指数研究[J]．统计研究，2013，30(3)：72-77.

[166] 解芳，盛光华，龚思羽．全民环境共治背景下参照群体对中国居民绿色购买行为的影响研究[J]．中国人口·资源与环境，2019，29(8)：66-75.

[167] 谢宇．回归分析(修订版)[M]．北京：科学文献出版社，2013：294.

[168] 许和连，邓玉萍．外商直接投资导致了中国的环境污染吗？——基于中国省际面板数据的空间计量研究[J]．管理世界，2012(2)：30-43.

[169] 燕连福，赵建斌，毛丽霞．习近平生态文明思想的核心内涵、建设指向和实现路径[J]．西北农林科技大学学报(社会科学版)，2021，21(1)：1-9.

[170] 杨灿，朱玉林．绿色发展视阈下湖南省生态足迹的驱动力因素分析[J]．经济地理，2020，40(4)：195-203.

[171] 叶楠．绿色认知与绿色情感对绿色消费行为的影响机理研究[J]．南京工业大学学报(社会科学版)，2019，18(4)：61-74+112.

[172] 尹世杰．关于绿色消费一些值得研究的问题[J]．消费经济，2001(6)：3-7.

[173] 于成学，葛仁东．资源开发利用对地区绿色发展的影响研究——以辽宁省为例[J]．中国人口·资源与环境，2015，25(6)：121-126.

[174] 于淑波，王露．我国城镇居民可持续消费行为评价[J]．东岳论丛，2015，36(3)：142-147.

[175] 于伟．消费者绿色消费行为形成机理分析——基于群体压力和环境认知的视角[J]．消费经济，2009，25(4)：75-77+96.

[176] 俞海山．低碳消费论[M]．北京：中国环境出版社，2015.

[177] 张连刚．基于多群组结构方程模型视角的绿色购买行为影响因素分析——来自东部、中部、西部的数据[J]．中国农村经济，2010(2)：44-56.

[178] 张彦博，潘培尧，鲁伟，梁婷婷．中国工业企业环境技术创新的政策效应[J]．中国人口·资源与环境，2015，25(9)：138-144.

［179］赵迎芳．中国优秀传统消费思想及其现代转换［J］．齐鲁学刊，2015（1）：39-43.

［180］赵迎欢．伦理学视野中的生态技术观——巴里·康芒纳生态技术观评析［J］．科学学与科学技术管理，2004（12）：9-12.

［181］中共中央文献研究室．邓小平年谱（1975—1997）［M］．北京：中央文献出版社，2004：82.

［182］中共中央文献研究室．毛泽东年谱（1949—1976）第4卷［M］．北京：中央文献出版社，2013：373.

［183］周景勇，商江．唐代生态保护法令及其实践研究［J］．北京林业大学学报（社会科学版），2019，18（3）：37-41.

［184］周灵．绿色"一带一路"建设背景下西部地区低碳经济发展路径——来自新疆的经验［J］．经济问题探索，2018（7）：184-190.

［185］周小亮，吴武林．中国包容性绿色增长的测度及分析［J］．数量经济技术经济研究，2018，35（8）：3-20.

［186］朱婧，孙新章，何正．SDGs框架下中国可持续发展评价指标研究［J］．中国人口·资源与环境，2018，28（12）：9-18.

［187］朱士光．从"天人和谐"论到建设生态文明的伟大实践［J］．陕西师范大学学报（哲学社会科学版），2008（4）：69-76.

［188］朱伟，杨平，龚淼．日本"多自然河川"治理及其对我国河道整治的启示［J］．水资源保护，2015，31（1）：22-29.